新版 おまえらばかか

ほうり出されたおれたち
おれたちの生きざし

江尻彰良 著

現代書館

よくもまあ……続けてきたり四十年……。

江尻彰良

一日に三回、食事の世話をすると一日で十名分として三十食……、一年で一万九百食になり、四十年では四十三万六千食という概算になります。

その間、たいした病気もせず、夫婦でなんとか食中毒も発生させることもなく、今日までを過ごしてきました。

これを世に言う「おかげさま……」とでも言うのでしょうか……。これと言った宗教・思想・信条などの背景もなく、ましてや〝知恵が遅れていて家庭や家族もないという立場〟に対する慈善や救貧の気持ちなどというものは、毛頭も持ってはいません。

ただ生きているという共通点のみで連帯して、生活の日々を重ねてきました。

だが実を言うと、平穏無事な日々とは言えない、共同生活の場の名称を〝はちのす〟としたように〝はちのすを突いたような……〟というたとえのように、どうしようもないと言うような現状でありました。

毎日のように〝はちのす〟を飛び出して、一週間も……一月も行方不明になる者……。夜尿の日々で布団も腐り、シートを布団がわりに当場をしのいだ者もいました……。

数えれば切りのない様々な失態であり、不注意になる災いのようなものの繰り返しでもあったのです。

そうしたいろいろな案件は、指導的なもので解消できたのはごく稀で少なく、時間で本人の自覚を促す方が妥当のようでありました。

この四十年間……、あまり例のない生活体験を基に、自分なりに思い考えた結論は、やはり〝覆育《ふいく》思想〟です。

〝覆育《ふいく》〟という言葉の持つ意味は、人間をはじめとした万物が宇宙的な規模の大自然に、覆い育てられているという意味のようである。

こうした宇宙的な視野から見た場合の、一人の人間の限られた生命の存在価値は、あまりにも小さくて、あまりにも瞬間的な存在でしかないという。

いとおしく、また尊いものであるように思う。そうした人間の生命の存在は、個々の人間の置かれている立場や条件などの違いによって、その存在判断が左右されたり、また差別や偏見などをされるものではないはずである。

しかし現代社会の環境条件は、あまりにも人為的な環境条件によって個人を拘束し、まるで個人が社会の部品であることを強いることのみによって、社会という構造の仕組みだけが複雑に怪物化し、個人は、何らかの組織、団体などの傘下に身を委ねなければ安心して社会生活ができなくなってしまっているようである。

個人が個人として、より個人的に生きることの尊さ。その自覚の原点が、〝覆育〟という大自然に覆い育てられているという自己の置かれている立場の再認識にあると思う。

自然の摂理に恐れおののき、自然の恵みに平安の喜びを味わい、個人個人がそれぞれにそれなりに、原始宗教的な自然とのかかわりの体験に目覚めるときに、はじめて人間本来の生き方のようなものが個々の中に確立されるのではないだろうか。

今、現代社会は「自然を守ろう」と声を大にして叫んでいるのだが、個人個人の〝覆育〟というような自然に対する謙虚な思想を前提としてない限り、社会のそうした反省の叫びも空虚なものに終わると思う。

そうした意味で一人ひとりの人間の立場などを思い考えてみると、人間の存在というのは、いとおしいまでもはかないもののようではないかと思います。

人間は個々のそうした共通性を持ちながらも、立場や条件などの違いによって、差別や偏見などを生み出してしまっているのが現状のようです。

いま……覆育という言葉の原点を個々に再考してみるのも、これからの人間社会に必要な進歩と調和を確立してゆく上で、必要・不可欠な提言ではないかと思う次第です。

二〇〇五年　六月

江　尻　彰　良

（注　現在「精神薄弱」は「知的障害」と言い換えられていますが、本書では、執筆当時のままの「精神薄弱」を使用しました。ご了承ください）

よくもまあ……
続けてきたり四十年……。 1

おまえらばかか

はじめに 13

I 彼らとの出会い
彼らを知る前の私 17
そこに彼らがいたから 21

II 待ちかまえていた問題
寮生たちのようす 29
〝はちのす寮〟を見る目 34
どのような運営形態が 40

III 育っていく寮生たち
数えられない正確さ 43
理解された喜び 45
素顔の人間 47
理解に苦しむ 49
十人十色の面々 53

IV 〝はちのす寮〟の転換期
普通の人に 60
去っていく仲間たち 61
〝傷ついている〟新しい仲間たち 66
〝はちのす寮〟の変化 69
むりのない人間関係 73
帰ってきた寮生 77
人との〝ふれあい〟 80

V 十年の日々をふり返って
社会福祉と連帯意識 83
寮生とともに……………江尻満里 89

おわりに 97

ほうり出されたおれたち

はじめに　103

I　〝はちのす寮〟の問題

〝はちのす寮〟への関心　107

本当に求めている場　110

地域社会とのふれあい　116

不器用な生き様を生き晒す決意　120

実りと共に……………江尻満里　125

II　与太郎の時事放談

与太郎の小咄　129

「たいせつ」な選挙権　131

勲章の差別　134

教育の落ちこぼし　136

ウソを見抜いた(?)お医者さん　143

自動販売機のこと　147

自然との調和　149

III　声のない座談会

施設生活をふり返って　152

家庭的な施設へ　165

オレたちはソンだ　172

うそつきはダレか?　178

おじさんのききたいこと　183

個性豊かな彼ら　190

おわりに　192

おれたちの生きざし

はじめに──197

I　生活体験から福祉の原点を見る

あたりまえな生活ということ　201
通勤寮と〝はちのす寮〟の違い　203
行政施策の転換
──精神薄弱者福祉ホーム　207
〝はちのす寮〟の願い　211
集団生活の反省
──対人関係の貴重さ　214
上意下達の福祉の解体を　222
生きざしの尊重　226

II　社会生活十八年の培い

寮生たちの自己実現　229
精神薄弱者らしくない精神薄弱者　231
〝はちのす〟からの独立拒否　234
酒呑百態　238
まい朝の新聞　243
施設離れ　245
大人になったら　248
〝はちのす〟の今後　250
〝はちのす〟を出ていった寮生　260

おわりに──270

覆《ふ》育《いく》の青春

著者近影 277
著書紹介 278
新聞記事 279
堀　正勝の描いた絵 280
はじめに 282
ある群像 285
人参の匂い 295
人間社会のブレーキ 315

『おまえらばかか』の
復刊をお願いした経緯—— 329

猿投山の麓にたたずむ「はちのす」の全景

おまえらばかか

（一九七四年　初刊）

●十人の精神薄弱者とある家族●共同生活十年のあゆみ

はじめに

〝精神薄弱者〟

私は、こうした名称で呼ばれている人たちは、私たち普通の人間とは別な、無能力者であり、〝精神薄弱〟という言葉は、「バカ」だとか「白痴」などと言われている人たちに対する、医学的な専門用語ぐらいに思っていた。

そんな私が、その精神薄弱者と言われている若者たち十数名を自分の家庭へ引き取って、彼らと日常生活をともに過ごして、もう十年の年月を数えることになった。

そうした私の生活を新聞記事的な表現で説明をすると、「ある平凡な中年の夫婦が、薄幸な身寄りもない精神薄弱者を、大ぜい自分の家庭へ引き取って、そうした人たちが社会生活を営む上に問題となりやすい日常生活の面倒をみながら、一日も早く、それらの人たちが自分の力で立派に社会生活を営むことのできる人に成長することを願いながら、行政だとか、一般の寄付のような援助を一切受けることもなく、生活をしている云々……」となる。ただそれだけのことであれば、それは浪花節的な美談であり、当事者である私たち夫婦も、そうした行為による自己満足に陶酔することができるのだが……。

彼らとともに日常生活を過ごしてきた十年の年月をふり返ってみると、たしかに、私たち夫婦が「それは、彼らのためであった」と、言うことのできるような、いろいろな苦しみや悩みもあった。帰ることのできる家庭を持たない立場にいる彼らのための、一日として休むことのできない食事の世話。精神薄弱という条件を持つゆえに引き起こす、問題行動を処理する苦労……。法に適用しない社会福祉事業的な行為に対する、関係官庁などからの強い中傷や批判など。そのほかにも、彼らとの生活を運営してゆくための経済的な不安など……、一面ではやはり、苦しみと悩みの連続であったような毎日だったとも言えるような気もする。

だが、精神薄弱者と言われている彼らは、言葉としてではなくて、〝ふれあい〟による生活の中で、私たち夫婦なりの〝人としての生きがい〟のようなものを自覚することのできる機会を与えてくれた。それは、ひと言で言えば、「背負う子に教えられ……」である。

彼らから私たち夫婦が教え育てられたものは、私たち普通の状態だと思っている者の意識の中にある、心身などに障害を持っている人たちに対する〝差別意識〟の自覚と反省である。そうしたものが、私たちが人間として個々の生命を持続してゆくという現実の中で、その目的を自覚してゆくために必要な、基本的なものではないだろうか。私たちが、「精神薄弱者」という言葉を使って、複数のそうした条件にある人たちを同一に見てしまうような自覚しない差別意識によるものの見かたが、矛盾の上に築かれた砂上の楼閣のような現代社会を生みだしてしまった大きな要因のようにも思える。

私たち夫婦と彼らによる十年の生活は、けっして美しい姿ではなく、むしろ泥臭い人間同士の葛藤のようなものであった。そうした事実を、自分の文筆無才を恥じることもなく記す気持ちになったのは、生活環境や生活条件がどのように変化をしても、普通の人間だと思っている私たちが、いつの間にかなくしてしまったような気のする〝古代土偶〟や〝人物はにわ〟の顔の表情に見られるような〝素朴な美しさ〟を現在も持ち続けている、精神薄弱者と言われている彼らの赤裸々な姿を多くの人に知ってもらうことによって、さまざまな心身に障害を持っている人たちに対する、差別意識のようなものを持つ自分たちの気持ちについて考えていただくことのできる糸口にでもできれば、と思ったからである。

『おまえら、ばかか……』などという、人を食ったような題名を使ったのは、私自身が、彼らと生活をともにする以前には、精神薄弱と言われる人たちに「お前たちはバカだ」と、自分の小さな思慮で断定して呼びつけていた言葉が、今になって、生活をともにしてきた精神薄弱と言われている彼らに当って返ってくる〝こだま〟のように、声なき声として、私の脳裡へ警鐘のような響きをもって『おまえら、ばかか……』と、聞こえてくるような思いがしたからである。

一九七三年　八月

江尻彰良

I 彼らとの出会い

彼らを知る前の私

動機は？と問われて

十数名の精神薄弱者を交えた家庭生活、こうした、あまり世間に例のないような生活をしていると、人々から「そのような生活を始めた動機は……、心境は……」などと、聞かれることが多い。その都度、私は返答に困ってしまう。

生産のエネルギッシュな力を感じさせる〝縄文土偶〟(江尻作)

社会福祉的な事業にたずさわるには、対象者に対する愛情とか献身的な行為の中に、自己の〝生きがい〟のようなものを求めて、その道に進むのが常識的な動機のようである。私の場合は〝そこに山があるからだ〟式で、〝そこに彼らがいたから〟と、言った方が適切に思える。

もっとはっきり説明をすると、その当時の私には、精神薄弱という条件を持っている彼らのほかには、私と人間関係を結んでくれる人がいなかったからである。そんな経緯を説明するには、私の個人的な過去の汚点に触れなければならないので、なんだか心苦しい気もするのだが、振り返ってみると、そうした自分の暗い過去が、今日私の行っている事業の潜在的な要素となっているような気がするので、恥を忍んで記してみる。

私は、二十歳を過ぎるころまでは、どうにか恵まれた家庭環境の中で、金銭を消費すること以外にこれといったことをするでもなく、のほほんとした生活を送っていた。私の父親は、家業を順調に営んでいる反面で、俗に世間で言う〝お人よし〟的な性格があり、あれこれと、慈善的な事業を手がけたり、他人の金銭保証を引き受けるなどしていた。その父親自身は、仏教でいう輪廻《りんね》というような思想に陶酔していたが、現実には、そうした自己満足のための無計画な慈善的な行為などの積み重ねが、順調な家業の利益収支とのバランスを大きく狂わせて、多額な借財という事実を生みだしていた。

そうした借財によって、家業の崩壊が目前に迫ってきたときに、父親は、自己の主張であった輪廻とかいうものに救われたのか……、突然、死亡した。

当時二十三歳であった私には、多額の借財と六人の弟妹を残して亡くなった父親の死は、父親自身の勝手な自己逃避のように思えて、ただ、父親に対する憎しみ以外の感情を持つことはできなかったのである。

とにかく、身にあまる借財と大勢の家族を背負った現実生活に直面した私は、それまで、のほほんとした過去を送ってきたために、当然、そうした環境条件での生活を乗り切ることができるはずはなかった。そうした無力の反面で、過去の、まあまあの家庭であったという世間体のような虚栄に対する執着心ばかりがやたらと強くはたらき、結局、親父の死を機会にして、完全な自己を確立することができないままに、父親の無計画な慈善的な行為のかわりに、欺瞞と虚栄によって、なんとか世間体を装って家業を続けて営んでしまった。

“結婚”という再スタート

そんな生活が長く続くはずもなく、借財だけが雪ダルマ式に増えてしまい、それまで私の周囲にあったあらゆる過去の人間関係が、胡麻を煎る音のようにつぎつぎと切れてゆき、耐えきれないような孤独感が押し迫ってきた。そうした苦悩から逃げ出す道は、方法も、手段も選ばない、一時的な快楽に陶酔する狂瀾の道であり、いまでも私の心の中に消すことのできない烙印として残っているのだが、それは、人々を犯罪的な行為で苦しめ、傷つけることによって持続させてゆく生活であった。

だが、泥沼のような、そうした生活の中にも、生きているという事実は、自分の心の一隅に残っている一片の良識が自己嫌悪というかたちで私を苦悩させるのであった。もう、自分の意志だけではどうにもならなくなり、結婚という方法で新しい生活環境を求めてみた。

この生活環境の変化は、過去の泥沼から這い上るための、精神的な大きな支えとはなったのだが、借財という物質的な事実は、依然として行く手を阻み、妻子までも生活の不安にさらす結果となってしまった。

そうした、家族の者の、経済的な生活の不安を犠牲にするのみで、ただ、日時の過ぎるのを見つめているような、わびしい生活が長く続いていたころであった、私が精神薄弱者と言われている彼らにめぐり会ったのは……。

そこに彼らがいたから

はじめての出会い

昭和三十六年ころ、私は自分の住んでいる街である、陶器の町として有名な瀬戸市で産出される粘土を、小・中学校などで使う図工教材として販売することを職業にしていた。

あるとき、粘土が、特に、意志表示などのできにくい心身に障害を持つ子どもたちの教育指導に、効果的な素材となることを人から教えられたので、さっそく、そうした方面への販売を計画した。

当時、名古屋市内にあった、八事少年寮という精神薄弱児の収容施設に併設されていた学園を訪ねてみた。私がその学園を訪ねた目的は、自分が商品として扱っている粘土を、心身に障害を持つ子どもたちの教材用に販売するための宣伝資料を必要とするためのものであって、そうした心身に障害を持つ子どもたちに対しては、なんの関心も、持っていなかった。

訪ねた学園の温厚そうな村田という年配の園長さんは、私の一方的な目的を知ってか、それに気づかずにか、私の申し出に対して快く、毎週二回、学園の子どもたちと私が〝粘土あそび〟をすることのできる機会を与えてくださった。その〝粘土あそび〟の始まった最初の日、村田園長は、大学を卒業してまだ間もないと思われる若い中村という男の先生を紹介してくださった。中村先生は、私を自分の受け持っている生徒のいる教室へ案内してくださった。

子どもたちがいる教室の光景を目にした私は、その異様な状態に驚いて、教室へ足を入れるのをとまどってしまった。普通の学校の教室よりも小さめな古びた教室の中には、中学生から小学生ぐらいまでの男の子たちが、入り混じるようにして騒いでいた。

机の上に立ち上がってワメイテいる、顔の変形した子……。

からだに合っていない、大きな汚れたダブダブの服を着て、おたがいに引っぱり合って戯れている子どもたち……。

教室の隅に隠れるようにしてすわり込んで、ジーッと、こちらを見つめている、青っぱなをたらした子ども……。

そうした光景を一つにまとめているような教室全体から発せられると思われる、異様な悪臭（後日知ったのだが、収容施設などによくある、特有な施設臭であった）が、私の鼻をついた。

その中で、汚れた教室の壁に貼ってあるその子どもたちが描いたと思われる幼稚な絵の、鮮やかなクレヨンの色だけが、なんだか、場違いな存在のように私の目に映った。

求められた粘土

教室へ入ることを躊躇している私に気づかれたのか、中村先生は、子どもたちに粘土を渡して、授業を始められた。中村先生から粘土を受け取った子どもたちは、中村先生の粘土についての説明には耳を貸そうともせずに、受け取った粘土を、机の上でトントンと叩きつぶしたり、粘土をちぎって、ほかの子どもたちにぶっつけたり……。粘土で汚した自分の手を、ほかの子どもの顔や服などになすりつけて、喜んでいる子どももいる。

〝ひどいものだな……〟これが、私の、精神薄弱と言われている子どもたちを実際に見た最初の印象であった。

教室にいる子どもたちのざわめきのうちに、授業時間が終わって、中村先生は、子どもたちが粘土で汚した教室を、一人でコツコツと掃除をしながら、呆然として立っている私に、

「きょうの〝粘土あそび〟は、大変な成果がありました。ぜひとも子どもたちに、毎週二回、〝粘土あそび〟を続けさせてやりたいと思います。それをお世話いただけますでしょうか」

中村先生から、そう問われたときには、正直に言って、この若い先生も、さきほどまで教室にいた子どもたちと同じように、少々頭の方がイカレているのではないだろうかと思った。それとも、何か……過去によほど悪いことでもして、自分の良心の呵責に苦しむあまりに、宗教的なものを心の支えにしながら、こんな子どもたちの世話をしているのだろうか、などとも思ったのである。

中村先生の立場がそうであったとしても、一応は、中村先生の言われた〝成果〟とやらを聞くことにした。

「きょうのように、クラスの全員が揃って授業に参加するのは、珍しいことです。どんな授業の時間でも、必ずといってもいいほど生徒中の一人や二人は、授業とは関係のない別行動をしているものです。教師の立場にある私としては、できるだけ考えて授業を進めているつもりなのですが、この子どもたちの中には、私の授業を受け入れることのできない子もいるのでしょうね……。この子どもたちを、集団として指導しなければならないということに、むりがあるのかもしれませんね。

だが、今の授業では、子どもたちに創作意欲こそ表面的になかったとしても、全員が楽しそうに粘土をもてあそんでいました。粘土の特質である可塑性には、この子どもたちの求めている、なにかが、あるのでしょうね。それを確かめることができたのは、大きな成果でした。時間がかかるかもしれないけれど……、なんとか、この子どもたちに、自分で何かを創りだす喜びを〝粘土あそび〟を続けることによって知らせてやりたいと思います」

温かい〝ふれあい〟

私は、若い中村先生の、熱意に溢れた説明には心を動かされたのだが、精神薄弱児と言われている子どもたちには、どうしてもなじむ気にはなれない印象を受けた。だから、そんな子どもたちを対象とした私の目的は、諦めることにしたのだが、村田園長の誠意と、中村先生の熱意を裏切るのは気がひけたので、ほどほどにして〝粘土あそび〟を中止する腹心で、仕方なく、その、なじむことのできない子どもたちのいる学園へ通うことにした。

　私の学園通いが三回ほど重なると、意外にも私の方から、なじむことのできなかった子どもたちの虜になってしまったのである。子どもたちは、私が学園を訪ねる日には、先生に知らされて知っているのか、学園の表で待ちかまえていて、私の姿を目にすると、われさきにとかけ寄ってきて、私を迎えてくれる。私が学園から帰る時には、どこまでも、私についてきて、次回の私の訪問を、クドクドと約束させて、私の姿が見えなくなるまで全員で見送ってくれる。

彼らが精神薄弱という条件を持つ子どもたちであるにしても、私にしては、久しく味わうことのできなかった、人と人との温かいふれあいであった。

私は最初の目的とは別な、私の暗い過去で失ってしまった、人から求められる信頼に答えることのできる喜びのようなものを、学園の子どもたちに感じて、学園訪問を続けていた。そうしたある日、村田園長から次のような相談を受けた。

「この学園の子どもたちは、中学卒業年齢になると社会へ送り出さなければならないことになっています。精神薄弱という条件を持つ子どもたちを、ただ暦の上の年齢基準で社会へ送り出すのはむりなことなのだが、現在の社会福祉制度では、どうすることもできない実情です。しかたがないので、できるだけ、この子どもたちを理解してもらえる職場を探して住み込み就職をさせています。どこか、この子たちを理解して就職させてくれる職場は、ないものだろうか……。きょうまで、そうしたかたちで多くの子どもたちを送りだしてきたのだが、失敗するケースが多くて困っています。できることなら、社会の中に、こうした子どもたちをプールしておく場があって、個々の子どもたちを、むりのないかたちで社会に浸透させることのできる場があればいいと思うのだが……」

彼らを求めて

村田園長は私に、真剣な眼差しでこのように話された。

私は村田園長に、「理解してくれる職場探しよりも、その、先生の言われる、社会の中で子どもたちをプールする役目を、私がやってみたいと思いますが、それに協力していただけますか……」と答えた。

村田園長は、私のとっさの返事にどぎまぎされていたが、喜んで協力を約束してくださった。私自身も、自分の言った答えの唐突さに怪訝な気がしたが、落ち着いて考えてみると、それは、自分自身の過去の暗い生活環境の中で、飢え求めていた人とともに生きる喜びを、この一年近く学園の子どもたちと〝粘土あそび〟をしてきた体験の中から、その子どもたちに求めていたためであることに気づいた。村田園長は、私が子どもたちのおかれていた立場を理解しての行為だと思っておられていたかもしれないが……。

私は、自分自身の過去の特殊な生活環境条件によって、社会の中で、自分の力だけでは生きてゆくことの困難な立場にあるために、これを解消しようと条件こそ違っているが、私と共通したような立場にある子どもたちを、〝私の仲間〟として、私が一方的に求めて、そんな生活に踏み切ったのである。路傍に迷っていた私の目の前に子どもたちがいたのだ。それは、〝そこに彼らがいたから……〟であった。

Ⅱ 待ち構えていた問題

寮生たちのようす

寮生たちも、〝はちのす寮〟という新しい生活環境の変化に興味のようなものを持っている間はよかったが、日月が過ぎるたびに、そろそろ馬脚を現わして、私を奔走させるようになった。次郎のテンカンや、春夫の夜尿は、事前に承知していたことであるが、それにしても、春夫の夜尿は、二カ月でふとんが腐ってしまうほどのものであった。次郎の場合は、毎日、次郎の表情などを観察していれば予知できるので、さほど心配はなかった。

一番困ったのは、寮生たちの脱走であった。文広・守・春夫・忠一と、脱走の常習者の中でも、二つのタイプがあった。守を除いた三人は、なにかを求めて遊びに出かける、という感じのするものであったが、守の場合は、病的なものに思える放浪癖であった。

私は変な意味で、寮生たちとの生活によって、〝喜び〟のようなものを、毎日のように味わうことができるようになった。脱走組の〝寮生ども〟が交代で毎日のように脱走をして、その安否を気づかい、脱走した〝寮生ども〟が無事に帰ってきたり、いる場所がはっきりしたときには心配していた気持ちから解放されたような、なんとも言えない安らぎのようなものを覚えた。

ある日、脱走組の〝寮生ども〟に「お前たち、あまり脱走ばかりすると、もう、おじさんは、お前たちの面倒をみきれないから……、元の施設へ帰すかもしれないぞ……」と、脅迫的な態度を示したら、脱走組の親分格である忠一が、

「おじさん、そんなに心配しなくてもいいよ。きょうのように、こんなに雨が降っているときには、誰も脱走はしないよ。雨ふりに脱走したら風邪をひいてしまうよ……」と、私に教えてくれた。

もっともな話である。彼らの脱走が、それほど計画的な行為であるとは思いもしなかった。私の心配を、それほどまでにもてあそぶ彼らに腹が立ったが、後学のために、彼らに誘導尋問して、〝脱走心理〟のようなものを聞いてみた。

それによると、彼らの脱走行為には、それなりのルールのようなものがあった。

一、雨の降っている日は、絶対に脱走をしない。
一、叱られたり、仲間とケンカなどをしておもしろくないときなどに脱走をする。仲間を誘うことが多い（こころ強いから）。
一、心配だから、人家の少ない方へは行かない。
一、寝る場所は、自動車の中が一番いい。朝になれば起こしてくれるし、ときには、朝食をご馳走してくれる。
一、女の人に、「家へ帰れなくなった……」と言うと、お金をくれることがある、男の人は絶対にだめ（母性本能を心得ている）。
一、どうしても困ったときには、赤い門燈のある家（駐在所）へ行けばいい……。
これほどまでに彼らが高度な脱走技術を持っているなら、私の方も、対処の方法を考えなければならない。〝追うから逃げる……〟彼らが脱走をすると、探したり、心配をするから、彼らも脱走するのではないだろうか。作戦変更である。

そういえば、脱走をして帰ってきたときに、叱られている彼らの表情には、こちらが反省を求めていることを受け入れようとするものはなく、叱られていることがおもしろくない……、という感じがする。〝叱られるから、おもしろくない……〟のだ。彼らの幼稚な思考の中では、脱走——叱られる——反省という、関連したものを受け入れることは、むりかもしれない。

作戦変更は見事に当たった。私から脱走をそそのかされ、脱走して帰ってきても、再度の脱走をすすめられる寮生たちは、気抜けしたのか……脱走の回数が少なくなり、いつの間にか、あまり脱走をしなくなった。

守だけは、どうも、そんな調子にはいかない。毎日のように職場から逃げだし、守のおかげで、〝はちのす寮〟を中心とした半径二十kmぐらいの円の中にある警察・駐在所・派出所には、〝はちのす寮〟の名は知れ渡ってしまった。

守の場合を例の作戦流に考えてみると、〝職場が一定の場所に存在するから脱走する〟のである。そこで考えついたのが、トラックの助手という仕事である。これもみごとに作戦勝ちであった。守にしてみれば、トラックの助手は、毎日が、マイカーにお抱え運転手つきの、デラックス放浪である。それに、トラックの荷物の積み下ろし作業は、一時的な作業であるために、根気のない守には最適の仕事であった。トラックの助手という職業は、その後も、数名の寮生の、実益と指導を兼ねたものとして利用することができた。

もう一つ、寮生たちの行動に仲間同士のケンカが多くなった。

寮生にしてみれば、今までの施設という囲いの中でのみんな同じような条件での生活とは違って、社会の中に存在する〝はちのす寮〟での生活は、彼らなりの進むべき道が自分の目前に開かれているので、やはり、その道を自分なりに進んでいこうとする気持ちが、どうしても自分の身近にいる仲間の寮生たちとのライバル意識のようなものになり、そうしたものが、ケンカという行為の回数を多くし、ケンカそのものをますます凄まじいものにするのである。

そうした問題に対処するために、指導する側の考えで、規則やら罰則のようなものを設けてみた。だが、それでは一次的な効果は見られたが、寮生たちの成長とともに、ケンカの内容が激しくなり、規則や罰則を厳しくするだけであった。

ある日、〝はちのす寮〟の竜虎である、考次と勝夫が凄まじいケンカをした。血みどろの二人のケンカを止めに入ったのだが、どうすることもできない。業《ごう》を煮やした私は、自分の立場を忘れて、考次と勝夫の二人を相手にして、ケンカの中へ自分も入ってしまった。いくら相手が二人でも、すでに二人は疲れ果てているし、それに年齢的な経験からしても、〝ケンカ技術〟は、彼らよりも私の方が上である。二人は、完全に敗北した。もう、二人の間には、ケンカをする前の敵対心はなくなり、共通の敗北者であるという近親感のようなものによって結ばれていた。

そんな経験を通して私が知ったのは、私の寮生に対する姿勢が、寮生を一つの集団として見て、その集団を管理する立場であり、寮生たちと自分の間に空間を持って能力的な違いを保とうとする私の考え方は愚かだということだった。

後日、精神薄弱施設関係の人たちから、〝はちのす寮〟の寮生たちの中に、ボス的な存在の寮生がいないことを不思議がられることが多かったが、それは、私と寮生のケンカ事件以来、〝はちのす寮〟の中のボスの地位は、私が保っていたからである。そうした私の立場が、少しでも〝寮生とともに〟という気持ちを持ち続けさせてくれた。

〝はちのす寮〟を見る目

一般社会の中に精神薄弱という条件を持つ者ばかりが居住している事実は、人々から特別な目で見られるのは当然のことである。正直に言って、一般社会の人たちには、好奇の目で見られたが、その反面、行動的には、あまり近づこうとする姿勢はなかったように思えた。そうした動かない一般の人たちの態度は、私と寮生の泥臭いような葛藤の場には、〝そっと見守ってもらえる〟というような解釈ができて、それなりによかったと思う。

ところが……、意外なところに、伏兵がいた。こうした事業には、もっとも協力的な立場だと思っていた社会福祉関係の中から、中傷的な批判やら、妨害が出てきた。

「〝はちのす寮〟は、施設から精神薄弱児を集めてきて、ヒドイ設備の寮に寝起きをさせて、何ひとつ精神薄弱者に対する指導もせずに、ただ職場へ働きに出して、寮生の稼いできた給料を搾取しているのでは?」という、社会福祉関係者からの陰口のようなものが伝わってきた。たしかに〝はちのす寮〟の居住条件は悪くて、ヒドイ設備である。だが、陰口の出どころである関係官庁が、そのヒドイ設備すらも実際に見て確かめたこともないのに、あらぬ事実を邪推したことが私には腹立たしく思えた。

さっそく、その噂の出どころと思われる官庁へ行った。噂については否定されてしまったが、〝はちのす寮〟と私個人に対する批判的な意見を聞くことができた。

「社会福祉事業というものは、法に基づいた運営形態でなければ行うことのできないものである。まして、精神薄弱者を対象とするには、よほどの専門知識を持っていなければ不可能である。人から伝え聞いた〝はちのす寮〟の現状は、非常識な、精神薄弱者を利用した売名を目的とした慈善行為と思われてもしかたがない状態に思える……。

第一に、一般社会の中で精神薄弱者を指導することを目的とした施設は、今の時点では、多くの専門家が検討している段階であるのだ。

それを、素人の貴方が行っても、仮に施設形態が完備されたとしてもむりである……」

こうした意見の中には、〝はちのす寮〟の存在自体を否定した前提があるのだから、それに対して、私は何も弁明する必要もなかった。それから、私個人について「貴方が本当に精神薄弱者のために尽くしたいという気持ちがあるのなら、どこかの精神薄弱施設へ勤めてはどうか。何だったら紹介してもいいのだが……、それも、貴方に学歴があっての話だが……」と、言われた。私のひがみ根性かもしれないが、なんだかからかわれているような気がした。

腹立ちまぎれに私は、「なにも、私自身の就職相談に来たわけではないのだから……」と、捨て台詞のような態度で答えて立ち去ろうとしたら、先方も、それに答えるように「続けようとしても、できなくなるから……」という一言が立ち去る私の背後で冷ややかに聞こえた。

そうした官庁の態度によるものではないかと推定できる動きが、五、六日後に具体的なかたちで出てきた。寮生たちのうちで、学園から実習形式で〝はちのす寮〟へ来ていた、次郎と勇三を早急に学園へ帰すことと、ほかの寮生も、〝はちのす寮〟とは関係なく職場へ住み込みで雇用するようなかたちにできないものか、という学園からの連絡がそれである。さっそく学園を訪ねて詳細を聞くと、学園の監督官庁からの指示であった。

学園の理解ある考えによって、次郎と勇三は、形式的に学園から家庭へ帰すことにして、その後に家庭から〝はちのす寮〟へ行くことにすれば官庁の関知することではなくなるし、ほかの寮生については、各自の寮生の職場へ実情を話して、形式的に住み込み就職であることが証明できる書類を作成することにして、その上で、職場から〝はちのす寮〟へ、寮生たちの生活管理を委託する方法を取ることにした。

私の単純な感情は、そうした官庁の、形式的な処理で納得させ得る状況に、ますます強い怒りを感じた。そうした形式的な行政施策が、一方では、寮生たちの精神薄弱という条件を持つ立場にある者を、中学卒業年齢を基準にして、腕時計と一万円の就職仕度金のみを渡して、社会へ自立させたという無神経な処理をすることになんの抵抗も感じない事実を生んでいるのである。それればかりか、〝はちのす寮〟の寮生は、その当時、九名のうち、両親のある者は一名、片親の者三名、その五名の中で経済的に保護能力のある家庭を持つ者は二名。ほかの四名は両親がないばかりか、考次・勝夫・明の三名は、本籍すらも不詳というありさまである。

本籍不詳という事実が、どれだけ一般社会で生活をする上に精神的な障害となることか……。

三名の寮生の場合は、精神薄弱という自己の不利な条件が、そうした事実を強く障害と感じない一因となっているのは皮肉な救いである。

行政監督官庁の〝はちのす寮〟に対する冷たい態度が、〝はちのす寮〟が社会の中で存在するための形態と姿勢をはっきりさせることのできるきっかけになったのもまた皮肉なことである。実は、私が前記した〝動機〟の中で語った私の心境とは裏腹なことになるのだが、当時の私の考えの中には、精神薄弱という条件を持つ者を対象とした事業を進めてゆけば、福祉国家と言われている日本の社会では、何とか行政による助成のようなものが付随されてくるだろう……という甘い考えも、少しは持っていたのである。だが、現実にそうした事業を始めてしまってから、行政との間に溝というよりも、越すことのできない壁のようなものがあることを確かめた以上は、〝はちのす寮〟は助成どころか、行政の精神薄弱という条件を持つ者に対する考え方とは別な方法をとらなければならないことは必然であった。

それは、福祉行政が、精神薄弱という障害を持った者を「どのように更生指導して社会へ送り出そうか……」という姿勢であるのに対して、〝はちのす寮〟は、精神薄弱という条件を持つ者と「どのようにして社会生活をともにしてゆこうか……」という姿勢を持つことであった。〝はちのす寮〟自体を社会福祉施設的なものではなくて、ただたんなる〝下宿屋〟とすれば、

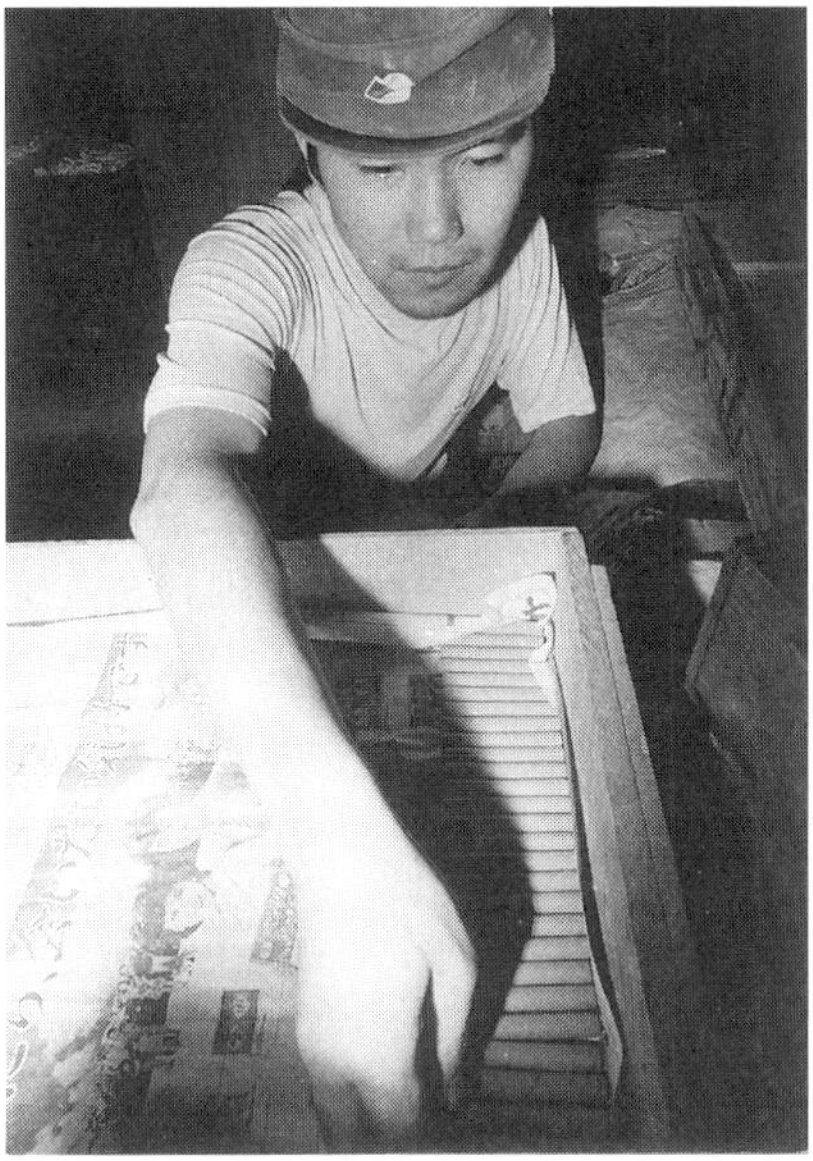
社会のきびしい目の中で働く寮生たち

行政との間に摩擦がおきることもなく、干渉されることもない。

したがって、寮生の個々の存在にしても、たまたま、精神薄弱という条件を持った者ばかりが集まった〝下宿屋〟で生活はしていても、それは、個人の精神薄弱という条件のみによるものであって、個々の寮生そのものの社会的な存在意義は、別に精神薄弱という条件を持つこととはなんの関係もない、一般的なものであることが明らかになる。

そうした事実に基づいて〝はちのす寮〟の運営を続けてゆくために大切なことは、私個人の自覚として、寮生に対して〝彼らを……〟ではなくて、〝彼らは……〟というふれあいを常に持つことだと痛感した。

どのような運営形態が

これまで、〝はちのす寮〟を〝精神薄弱児者協同生活場〟として、共同の〝共〟を〝協〟という表現をして、精神薄弱という条件を持つ弱い者ばかりがお互いに力を合わせて生活をする共同体のようなつもりで生活をしてきたのだが、ただたんなる〝下宿屋〟であるという道を進んでゆくためには、そんな甘い考えでは先が案じられる。

現に、これまでの間に成長した寮生たちの中にも、個々の寮生の生活能力、作業能力の差が出てきていて、それが協同生活という形態であるために、雇用主などから、精神薄弱という条件を持つ者の集団の一人、という個人能力を評価しない目で見られるようになってしまった。そのために能力の高い者が、能力の低い者を支えてゆく結果となり、高い能力を持つ者の成長にブレーキをかけてしまうような面もあり、能力の低い者も、協同というかたちで守られることが、環境に甘んじることになってしまい、それなりの成長能力を伸ばすことの障害となる結果が出てきた。

それで、〝はちのす寮〟という下宿屋の親父《おやじ》である私が、下宿人である寮生たちの個人的なものに立ち入りすぎるきらいもあるが、個々の寮生たちの能力の可能性を、徹底的に追求することにした。具体的には、寮生たちの精神薄弱という条件のためになされた一般的な評価による能力と、実際に寮生の持っている能力との差を、合理的な道を選び、精一杯の努力をさせることによって補っていく方法である。

一、頭脳的な能力に限界があるとしたら、肉体的な能力を伸ばそう。

一、能力的にむりなことだと思っても、一度はその可能性を体験してみよう。

一、有利な道があったら、対外的な感情問題で誤解を招くようなことがあっても、苦にせずにその道を選ぼう。

これを、精神薄弱という条件を持つ寮生たちの代弁者的な立場にある私の基本姿勢とした。

そんな私を外から見た場合には、いささか常識を逸した、寮生に対して苛酷を強いる、残酷物語の主人公のように見えたことだろう。寮生に対しては、人々が八時間で得るものがあれば、それと同じものを、十時間〜十二時間かかっても獲得するために強いて働くようにさせた。当時は、常識として通っている「精神薄弱者は一定の職場に定着したら、その職場に長く勤めることがもっともよいことである」という考え方を無視して、少しでも寮生にとって有利な職場があれば、それまで世話になっていた職場に対して義理のようなものを欠くようなことがあっても、寮生を転職させた。それとは別に、職場で、寮生の問題行為によって常識的には退職しなければならないようなときでも、雇用主に平身低頭して解雇されるのを防ぐようなこともあったのだが……。

こうした私の寮生の代弁者としての寮生に対する態度は、一方的なものであった。寮生に対する権力者的な面を持つ場合もあり、労働の正しい意味を無視した量的なものを追求する邪道でもあり、大切な人と人との連帯意識を一面で否定するようなこともあった。

そうした矛盾を承知しながら、居直り的な図々しい態度をとったのも、現実に寮生たちが社会の中で自己の力で自己を存在させてゆくためには、そうした方法しか、生活環境そのものが許さなかったからであった。

Ⅲ 育っていく寮生たち

数えられない正確さ

文広と勇三が、同じ職場へ就職をした。文広は軽度の精神薄弱で、思考力をあまり必要としない作業なら、なんとか一般の人たちと同じように作業をすることのできる能力を持っている。勇三は、精神薄弱者としての特殊教育すら就学免除されていたほど、知的能力の低い状態である。その二人が、同じ職場で同じ作業をすることになった。

意外なことには、結果として知能の高い文広よりも、知能の低い勇三の方が成功して、文広はその職場をシクジッテしまった。その作業内容は、ごく単純な作業で、品物（鋳造用の型にする砂）を三十kg紙袋に詰めて、その袋詰めしたものを十五個ずつ積み重ねる作業であった。

文広は、自分がなまじ数を数えることができるので、十五個積まなければならない袋を、数え違えて十四個しか積まなかったり、十六個も積んでしまうことがある。勇三は、数えることができないために、少々日にちはかかったが……、十五個の袋を積み上げた、そのもの全体を自分の感覚によって一つの単位として把握したのである。

文広は、時々、袋の数を数え違えることによる恥じらいや、自分よりも知能的に劣っていると見くだしていた勇三の正確な袋積み作業に、引け目のようなものを感じたのか……、惨めなほど萎縮してしまった。勇三の方は、自分の袋積み作業の正確なことを職場の人たちに褒められたり、文広よりも自分の方が作業結果のいいことに自信を持ってしまい、社会生活に定着するキッカケを文広よりも早くつかんだ。

常識的には十五個の袋を数えるのだが、勇三は、その十五個を一つとして把握し、一つの数を数えるのだから間違えるはずはないのである。

理解された喜び

ある日、労働基準監督署から私に呼び出しがあった。出向いてみると、「貴方は、自分の管理している精神薄弱者を、貴方の意志で雇用主に話をして残業をさせているということですが……、それは、事実ですか」と、聞かれた。

私がその事実を認めると、「法律によって、未成年者に残業させることのできないのは常識であるのに……、未成年の精神薄弱児に残業を強いるなんて、違法行為どころか、大きな社会問題ですよ」と強い口調で問い詰められた。

私は、寮生のおかれている社会的な立場やら、寮生に残業という行為をさせている目的が、彼らがほかの人々と同じような能力を持つために必要な訓練的なものであることを説明すると、係の人は、「私の個人的な立場で貴方のお話を聞けば納得のできる問題だが、監督官庁の一員としては、そうした行為を認めることはできないし、それに、これは福祉関係官庁からの調査依頼でもあるから」と、判断に困った係の人と私の間に、しばらく無言の間《ま》が続いた。

しばらくして、「……ワカリマシタ……。貴方の言われるように、残業ではなくて訓練ですね。貴方のところの寮生たちを、貴方が、寮生の働いている職場を借りて、職務時間外に寮生たちの能力養成のために訓練されることについては、私どもの行政機関の関知する問題ではありませんね……。そのように報告しておきましょう。

これは、私の個人的な意見ですが、貴方のところの寮生の、訓練についての健康管理だけは十分に気をつけてやってください。大変なお仕事だと思いますが、ガンバッテください。どうも、わざわざお呼び立てしてすみませんでした……」

私の立場を理解してもらえたことが、なによりうれしかった。

「……アッ、それから、訓練だから、賃金問題はないのだが、そうしてガンバッテイル寮生のためにも、貴方が寮生の雇用主に話をされて、訓練に対する励ましの意味での助成金のようなものを、寮生たちが受け取れるようにされるといいですね。そうですね……、寮生たちの基本時間給に二十五％プラスぐらいは要求してもいいのではないでしょうか……」と、微笑を含めて私に語られる係の人の顔に、私は温かいものを感じた。

基本時間給に二十五％以上プラスしたものは、法で定められた残業賃金の算定基準であった。

素顔の人間

寮生たちの生活を見ていると、いささか理解に苦しむような面もあるのだが、それでも、各自の寮生が経験知識を基にして、各自のペースで成長してゆく。

〝十人十色〟という言葉があるが、他人を意識した虚栄だとか、装いのようなものを多く持たない寮生たちは、各自が赤裸々な自己を表しているので、まさに〝十人十色〟である。そうした寮生たちの姿を見ていると、私は、自身の内面に潜んでいる〝隠してしまっているもの〟だとか、〝出さなければならないもの〟を、寮生という鏡に代るようなものに映されて、見せつけられているような思いがするのである。

〝十人十色〟の寮生たちのあいだにも、常に共通なものとして寮生たちだけが持っているものがある。それは古代土偶の顔の表情の中に見られるような〝素朴な美しさ〟である。そうした美しさの中でも、私は、弥生の人物ハニワに見られるような柔順なそれよりも、縄文土偶に見られる、エネルギッシュな生命力の炎のような力強い〝素朴な美しさ〟を、寮生たちに求める。

寮生に対して、生活上の具体的な方法などは、私が一方的に指示する場合が多いのだが、本当に、私が寮生に対して自信を持って言えることは、ひとつは、常に〝大きな声〟を出すようにという指導で、それは寮生たちが精神薄弱という自己の条件にこだわることのないように、また、自己の感情に素直に意志表示がハッキリできるようにというためである。二つ目には、そうした段階で成長してゆく寮生たちが、多少は横道へ逸れるようなことがあっても、それについては、あまり極端に横道へそれるような場合にだけ、寮生の後ろからついて行く私が、そっと修正してやらなければ……、ということである。嫌なことは「イヤダ」、できないことは「デキナイ」、知らないことは「シラナイ」と、〝大きな声〟で意志表示をしながら、寮生たちが育っていくことを願う日々である。

理解に苦しむ

守の根気よさ

日曜日のことであった。守が、朝から街へ遊びに出たまま、夜の九時になっても帰ってこない。春夫が「守が映画館へ入ったのを見た……」という。それにしても、春夫が見たのは午前中だというから、今ごろまで映画を見ているはずはない。

守が〝はちのす寮〟へ来た当時は、毎日のように脱走したのだが、もう、この二年近くは、一度も脱走はしていない。心配しても探す当てもないし、ほかの寮生たちを先に寝させて、しばらく時を待つことにした。

はたして、十一時近くになって、守はコソコソと帰ってきた。帰ってくるのが遅くなった理由を守に尋ねると、「今まで映画を見ていた」と言う。それにしても、午前中から今まで映画を見ていたという理由を聞いてみると、たしかに、守は午前中に映画館へ入ったそうである。最初に見た怪獣映画のシーンで、悪い怪獣が、笑い薬の入った大砲かなにかで撃たれて、笑い苦しんで死んでしまうのが、守には大変おもしろかったらしくて、そのシーンが見たいばっかりに、三本立の映画を合計で九本も見ることによって、守は、待望のシーンを三回も見てきたことになる。これでは、帰る時間が遅くなるのもむりはない。

私は守の根気のよさ? にあきれて、帰ってくるのが遅くなったことについては、強く叱ることもできず、早く食事をすませて、風呂へ入って寝るように言った。

風呂から出た守は、多少は帰りの遅くなったことを気にしているのか、神妙そうな顔をして、小さな声で私に、

「おじさん、ボク……、きょう見てきた映画がおもしろかったから、今から寝て……もう一度夢で見たいが、見てもいいだろ……、ナ、おじさん……」ときた。

三回も同じ映画を見ていたことを、私が叱ろうとしたことに対する、事前の了解を得るためなのだろうか。これには、私もマイッタ。守よっ! お前は長生きできるぞ……、と言ってやりたい気持ちだったが、「夢で見たかったら、何回でも見ればいいよ……」と言うと守は、「オヤスミ……」と言って、ニコニコしながら寝床へもぐりこんだ。

“天真爛漫”な次郎

次郎の職場から電話があり、次郎が午前中は働いていたのだが、昼の休憩どきに、どこかへ行ってしまった。どうも、次郎の職場担当の班長さんのロッカーに入れてあったサイフの中から、千円札を一枚持っていったらしいということである。

夕方になって、次郎自身も、自分のした行為が悪いことであるのを自覚しているのか、寮の表まで帰って来たが、寮の中へ入るのを躊躇して、表を行きつもどりつしている。そんな次郎を、戒めのために、そのままにして放っておくと、時間に耐えられず、次郎の方からしかたなしに寮の中へ入ってきて、私がなにも言わぬうちに、「ゴメンナサイ……」と、頭をペコリと下げて降参してきた。次郎に、おまえがした行為は悪いことであるということを言い聞かせると、神妙に反省しているような気配が窺えた。

それにしても、班長さんのサイフには何枚かの千円札が入っていて、その中の一枚を抜き取った行為は、次郎が、ヒョットしたらバレることがないかも……というような下心があったのでは、と思って、そのことについて次郎に問いただすと、次郎は、「ボク、千円ヒトツしか、イラナカッタモノ……」と言う。

次の日に、次郎を連れて班長さんのところへお詫びに行った。お金を返して、次郎に「ドウモ、スミマセンデシタ」と、詫びさせたまではよかったが、そのあとがいけなかった。次郎は、許してもらったことによる気持ちの安らぎを得たのか、班長さんに対して、いつもの気安い調子に戻って、

「班長さん、盗まれたお金が返ってきて得をしてよかったね。その金で、きょうのお昼休みに、いつものようにパンか牛乳でもおごってくれないかなあ……」と言い出す始末である。

そんな次郎の態度に、私は班長さんに対して、どんな弁明をしたらいいのか、とまどいながら、テレ隠しでもするように、「イヤ……、どうも……」と、理由もつかないような言葉で、その場を繕うと、班長さんも、次郎の気心を理解されているので、笑いながら、「次郎、これから、もう悪いことをしなければ、このお金で、きょうの昼休みに牛乳でもご馳走してやろうか……」と次郎に言われた。

もう、罪の意識はみじんもない笑顔の次郎は、

「ウン、ボク、ゼッタイに、もう、悪いことはしないよ」と答えて、三人の変な会話に終止符を打った。

十人十色の面々

夏一のカッコイイ足

〝這っても黒豆〟ということわざがある。あれは黒豆だ、いや蝿だと言い争って、そのものが動きだしても、黒豆だと言いはる強情者のことを言うらしいが、夏一は、まさにその類である。

夏一の革靴を買いに行ったときのことである。

夏一は扁平足で横幅の広い足をしているので、それに見合った靴を選んでやると、夏一は自分の足の条件を無視して、外見のスンナリした、カッコイイ靴を買いたいと言って、私の選んだ靴を買うことを納得しない。靴と足の長さは合っても、横幅で合わないから、むりをして履いても足が痛くなるからだめだ……と、説明してやっても、どうしても聞き入れようとしない。

しかたがないので、実際に自分で経験してみないと、そのことが理解できない強情者の夏一を懲らしめるためにも、夏一の好みの靴を買うことにした。案の定、足に合わないむりな靴を履いた夏一は、靴ズレで足を痛めてしまった。夏一に、むりであったことが納得できただろう……と聞きただすと、夏一は、自分の非を認めるどころか、「靴はちょうど足に合っていたが、歩きかたが悪かったので足が痛くなってしまったのだ……」と言いはる。

頑固な夏一は、その靴をむりやり履き続けたが、とうとう靴の方が夏一に根負けして、夏一の足に合わせてしまった。買ったときの靴の形は面影も残っていないような姿になった靴を履いた夏一は、私に、

「おじさん、ボクの靴は、カッコイイだろッ……」と得意顔で言うのである。

明のひとりごと

自己を主張したいという欲望は、大なり小なり、誰にでもあるのだが、明ほど、道具を使った〝演出効果〟を利用する者もいない。

〝はちのす寮〟に来訪者があると、自己の所有財産を見せびらかして、自分に対する関心の目を引きつけようと、懸命な努力をする。自分の持っているスケート靴を三足も持ち出して、人前でそれを磨きながら、「スケート靴もタカクなったなー」などと、ひとりごとのように言ったりして、なんとか、来訪者が自分に対して語りかけてくれるきっかけを作ろうとしたり、自分の持っている高級なカセット・テープレコーダーを持ち出してきて、大きな音響で音楽を流

しながら、たくさん買い集めたカセットテープをこれ見よがしに出し広げて、「もう、こんなにたくさん集まってしまったなあー」と、やはり、来訪者に聞こえるようにひとりごとを言って、自分の存在を認めさせようと努力をするのである。

そんな明の姿だけを見ていると滑稽なものを感じるのだが、そうした明の行為の一因となっているものが、生まれながらにして家庭という生活環境を知らないという生いたちによるものであることを思うと、なんだか不憫な気がするのである。

油断ならない告げ口

春夫は身体も小さいし、体力的にもあまり恵まれた方ではない。そのために、他人の欠点だとか、悪事のようなものを告げ口することによって、自己主張の方法にする狡猾なタイプである。

春夫が、いつものように、私に仲間の寮生の悪事を告げ口に来た。

「おじさん、守が、おじさんのところの戸棚に入れてあった饅頭を三個も盗んで食べてしまったよ……」と言う。

私がそれに対して、どうして守が盗んだということを知っているのだ……と、春夫に問いた

だすと、春夫は得意そうな顔をして、

「エーッ、ボクが最初に戸棚から饅頭を一個持ってきたときには七個残っていたが……、ボクが饅頭を食べていたら、守が『どこにあった』と聞いたので、戸棚の中にあることを教えてやったら、守も、戸棚から饅頭を持って来て食べていたよ……。

その次に、またボクが取りにいったら、饅頭が四個しか残っていなかったから、ゼッタイに、守が三個も盗んでいったのだよ……。そうだろ、おじさん……」と、春夫は饅頭の数を確認するために、目の前に差し出した自分の手の指を、伸ばしたり折り曲げたりして私に説明するのである。

春夫のこうした態度は、春夫が私に告げ口をするという功に走りすぎて、自分も饅頭を盗んだという馬脚を現わしたのだ……と思うと、春夫に対する〝読み〟の浅いことになってしまう。狡猾な春夫の告げ口をした目的は、自分の盗みという行為を少しでも〝正当化〟するために守を犠牲にして、自分の盗みに共犯者のいることと、自分の盗みの量が、守より少ないことを私に説明するためなのである。

さまざまな成長の姿

数字に弱い勇三は、算数として五と六を足すと十一になることを教えても、どうしても理解はできないが、生活の中でお金を使うという体験によって、五十円と六十円を足すと百十円になることを、いつの間にか覚えた。

また、勇三は時計を持っていても時間を読むことはできないので、時計を持つという目的はアクセサリーとしての範囲にとどまるのだが、実際に勇三が腕時計をしていると、人から時間を尋ねられる場合がある。そんなときには、素早く尋ねた人の目の前に時計をはめている自分の腕をさし出して見せるか、または、「ボクの時計は時間が合っていないからだめだ……」と、涼しい顔をして答えるようになった。

守と年勝の勤めている職場の人から聞いた、二人の会話のことである。

職場の昼休み時に、職場の人たちが五、六人集まって会話をしている横に守と年勝がいたそうである。集まった人たちの会話は、世間話から物価・賃金などの話題となって、会話をしている空気が愚痴っぽくなってきたときに、突然、守と年勝の大きな声の会話が始まったそうである。

「年勝、オレタチも、給料をもっとたくさんもらわないと働けないなぁー。二人で、社長にモットたくさん給料をくれるように話をしてくるか」

「ウン、一日に千円ぐらいくれなければな……」

「年勝、お前はバカだなー。千円なら千円札が一枚だけだぞ……」

「あっ、そうか……、それなら八百円の方がいいな……」

「八百円よりも、六百円の方がいいぞ……、五百円札よりも多いからな……」

「そうだな……、今から社長に話に行こう……」

といって、二人は社長の所へ走っていったそうである。

この二人の会話は、職場の人たちの愚痴っぽい雰囲気を笑いで消したそうであるが、二人の会話の金額的なものは、チグハグで笑いとなるものであっても、守と年勝の会話は、自分たちが精一杯に働いているのだ……という意志表示が十分に汲み取れる会話である。

参考までに、その時点での二人の日給は千円以上であった。

転職をしてから十日ほどになる考次が「きょうは、仕事を休みたい」と言う。朝食もいつもと同じようにしたし、体温を計っても異常もないので、元気を出して職場へ出かけるように考次にすすめると、考次は、「病気ではないが……、なんだかきょうは仕事を休みたいような気がするから。おじさん、ボクの今度の職場は、前の職場と違って日給制ではなくて月給制だから、一日ぐらい休んでも給料は変らないからいいだろ……」と言う。

新しい職場環境に慣れないための気疲れが、考次の休みたいという原因のようでもあるし、「月給だから……」という考え方のできるようになった考次の〝成長〟にも免じて、その日、考次が仕事を休むことに同意をした。

Ⅳ 〃はちのす寮〃の転換期

普通の人に

〃石の上にも三年〃という言葉のように、寮生たちも、それぞれのペースで経験・知識をつみ重ね、成長した。その寮生たちの成長が、思わぬかたちで、私に対する報復として返ってきた。

前に記したように、私の生活の手段である粘土を売る仕事が集中的に多忙な時期には寮生たちの協力があったのだが……。そうした寮生の行為が、年々に変化をしてきた。

最初の年には、手伝ってくれた寮生たちにお礼として、菓子などをご馳走するだけの、〃心と心〃の関係であったが、次の年には、代償としての賃金を要求するようになり、次には、〃はちのす寮〃へ来た当時に、こづかいを渡すときに、私がからかい半ぶんに、百円札一枚と、拾円玉を六、七個見せて、「どちらがいいのか」と、聞くと、ニッコリ笑って拾円玉を手にした次郎までが、私の仕事を手伝うための、賃金の金額の交渉をするようになった。

その次には、寮生たちは、「おじさんの仕事を手伝うぐらいなら、コーバで残業をしてきた方がモウかるから……」とか、「そんなにむりをしてアルバイトをしなくても、お金に困らないから……」と、猫の手も借りたいほど忙しくて困っている私を、見向きもしないありさまである。

そんな寮生たちに対して、〝お前たちも、普通の人になってしまうのか……〟と、手伝ってくれない腹立たしさを静める私であった。

去っていく仲間たち

寮生の全員が、自己の持っている労働能力によって、生活に必要な経済的なものを十分に獲得できるようになった。苛酷な面すらあった、私の個々の寮生に対する労働力を養うための助言に耐えてきた寮生たち自身の努力の成果である。精神薄弱という条件を持つ者が、そのようにしなければ、人として社会の中で生活をするための保障が確保できないという社会体制の欠陥は、常に追及していかなければならない。だが、それから切り放して、個々の寮生たちの、自己の能力の可能性に対する追求の成果と単純に考えて、高く評価したい。

ところが、そうした成長を遂げてきた寮生たちが、つぎつぎと〝はちのす寮〟を去っていくことになってしまった。文広・守・勇三・年勝の四人が去っていったのだが、私から見ると、年勝の場合は別なケースだが、ほかの三人については、去って行ったというよりは、三人の成長した労働力のみが、それぞれの家庭で利用価値が出てきたから、利用されることになってしまった、ということになる。三人は、正月の休みに各自が家庭に帰り、家庭から〝はちのす寮〟へ帰ってこなければならない日になっても帰ってこないばかりか、家庭からなんの連絡もなかった。

こちらから、それぞれの家庭へ連絡をすると、風邪をひいて寝こんでいるから……とか、十日ほど家庭に用事ができたから……、などと、あまりハッキリしない返事である。いつまで待っても三人が帰らないので、それぞれの家庭を訪ねてみると、三人とも、家庭からそれぞれにどこかの職場へ働きに出ていた。

文広の家庭では、「近所の人たちといっしょに、日雇い仕事に出してみたら、一日に二千円ももらえたから……」と言い、守の家庭では、「守の兄が小さな工場を営んでいるのだが、工場に働きに来ていた人が退職してしまい、人手がなくて困っているから……」という。勇三の家庭は、「勇三が働けるのであれば、家に置いた方が得だから……」と言うのである。

三人の家庭に、どのような事情があったとしても、〝三人が成長をして、本来の生活の場である家庭へ帰っていったのだ……〟と、素直に喜んで送り出すことのできない理由は、これまで、各家庭が自分の子どもに対して理解できない態度をとっていたという事実があったからである。三人の家庭に共通している面は、これまでに一度として自分の子どもの安否を、自分の方から尋ねてきたことはなかったことである。それればかりではなくて、文広の家庭は、最近まで、文広が一年に二回の盆・正月に家へ帰ることまでも、「帰ってくると世話がかかるから……」といって拒んでいたのである。

守の母親は守を、「この子の兄弟はみんな学校の成績もよかったし、リッパに生活をしているので、守が家にいると、何かと兄弟の迷惑になるから……」という理由で、これまで守を家庭から出していたのである。勇三の家庭にしても、勇三が家庭にいたことが経済的に負担になっていたから、家庭から出していたのである。

いずれにしても、引き取られていったのは、文広、勇三という個々の〝人〟ではなくて、経済的な評価のみのできる個々の労働能力である。そうした事実は、なんらかの環境条件などの変化によって、三人の労働能力が発揮できなくなった場合には、三人をまた〝邪魔な人間〟にしてしまうことを明白に物語っている。

文広・守・勇三の三人は、自己の意志なくして、私の心に空しい気持ちだけを残して〝はちのす寮〟から去っていった。

年勝の場合は、文広たち三人と違って、複雑な環境条件が絡まっていた。

ある日、突然、年勝の母親だという人が訪ねてきて、「きょうは……、年勝を引き取りにきたが……」と言う。その日まで、私は年勝の母親に会ったこともないので、訪ねてきた人が年勝の母親であるかどうかもハッキリしない。ただ、私が年勝を引き取ったときに、母親は年勝を放置したような状態で、その場に立ち会っていなかったので、年勝を引き取ったことと、そのために住民票を送ってくれるように依頼の手紙を出したら、都合があって住民票を送ることができないという返事の手紙を受け取ったことのあるのが、私と年勝の母親との交流と言えば交流であった。

そんな母親が、急に引き取りたいと言ってきた理由を聞いてみると、年勝の家庭は生活保護を受けて生活をしていて、しかも、家庭にいない年勝の分までも受け取って、生活費の足しにしていたそうである。ところが、その架空な年勝の存在が区役所の方にバレそうだから、年勝を引き取りにきたと言うのである。

母親の言うことが、理由としてはわかるのだが、架空の存在である年勝の費用を受け取ったり、現在は自分の力で生活をしている年勝を、生活保護を受けなければならない生活環境へ戻すことの間違いを、母親に話してみた。しかし、私の話すことに耳を貸そうともせずに、自分の方の一方的な事情だけを、私に納得させようとするのである。

それによると、今まで家族全員がなんとか生活ができたのは、年勝の分までもらっていたからであり、もしも来月から、年勝の分である七千円ほどの金額が少なくなったら、家族全員が生活に困ってしまう。年勝一人が自分で生活ができても、家族全員が生活できなくなってはなんにもならない。年勝さえ家に引き取れば、今までどおりに家族全員が生活できるし……年勝一人家族が多くなっても、食費はあまり変わらないし、以前に年勝が家にいても生活ができたのだから、年勝を家へ連れて帰る以外には方法はない。きょう、年勝を家へ連れて帰らないと、明日にでも区役所の方へバレてしまって、年勝がどうにか働けることまでも知れてしまったら、それこそ大変なことになり、家族全員の生活保護まで打ち切られてしまうかもしれない……。

年勝の母親の話から推察できたことは、生活保護を受けている生活の中では、「働かないようにすることだけが、唯一の生活を守る手段である」ということであった。

この問題は、単純な年勝の母親を責める問題でもなく、私の感情の介入によって解決できるものでもない。社会福祉行政の欠陥を生活保護という一面に象徴しているような、大きな問題である。親権という一方的な絆で手をつないで、泥沼のような社会へ戻ってゆく親子の姿を、ただ呆然と見送っている〝はちのす寮〟の前途にも、去っていった親子と同じような、権力によって形成された道しかないのだろう。ただ、進んでいく者に選択できるのは、自己を失って順応してゆくか、自己の能力の限界まで、その道にある矛盾に抵抗してゆくか……である。

〝傷ついている〟新しい仲間たち

四人の寮生が去っていった〝はちのす寮〟は、私だけでなく寮生たちにも、なんだか気の抜けたような日々であった。

そんな気持ちながらも、私の妻だけは、人数が少なくなってお勝手仕事が楽になったことに、しばしの安らぎを味わっていた。だが、小規模な〝はちのす寮〟にとっては、寮生が四人もいなくなったことは〝はちのす寮〟の崩壊に繋がる可能性が出てくる心配があるので、新しい寮生を迎え入れることを考えなくてはならない。仲間を集めるための窓口である、社会福祉行政機関は、依然として〝はちのす寮〟に対しては堅く閉ざされていた。

それでも、そうした行政機関に勤めている人たちの中には、〝はちのす寮〟の存在事実を、その人の個人の立場として理解を持って、協力してくれる人もいた。そうした経路によって集まった新しい仲間たちは、実は、行政の中で精神薄弱という条件を持つ対象者の、直接に相談相手となる職務にある人たちが、行政施策の枠の範囲ではどうすることもできない問題条件を持っているケースの対象者を、個人的なはからいで〝はちのす寮〟へ紹介してくれたものである。

精神薄弱という条件を持つ上に、保護者もなく社会の流れの中から押し出されてしまったような者……。精神薄弱という条件を持っていなければ、〝悪〟以外には進む道のないような家庭環境に育った者……。精神薄弱という条件を持つ子どもに対して、母親が誤った愛情による過保護の中で育ててしまった、母子分離のできていない高年齢者……。精神薄弱という条件を持つばかりに、常に排他的な社会環境の中の被害者として過去を送り、心に歪みを持ってしまった者……。そうした精神薄弱という条件のほかにも重荷を背負っている、新しい仲間たちの〝はちのす寮〟へ定着する確率は低いものであった。

弁解がましいが、私は私なりに、それぞれの仲間たちが〝はちのす寮〟へ定着できるように努力したつもりだが……、結果としては、七名の内で〝はちのす寮〟に定着できたのは、岩吉・久行・幸平の三名であった。定着した三名に共通していることは、彼らの過去の生活体験の一時期が、いろいろな意味で〝はちのす寮〟の生活環境以上に苦しいものであった、ということと、三人とも、自己の生活の場である家庭というものが存在しないことである。

これで、〝はちのす寮〟の寮生は全員で十名になり、忠一・春夫・次郎以外の七名には家庭が存在しないのだから、〝はちのす寮〟自体も「下宿屋」から、寮生たちの「家庭」的なものにしてゆかなければならないような気がした。どの寮生にしても、精神薄弱という条件のほかに、成長する段階で、その成長の妨げになるような生活環境を持っていたのである。

〝はちのす寮〟の変化

寮生たちは、自分たちの労働力の成長によって、経済的に安定した生活ができるようになった。個々の寮生の収入には個人差はあるのだが、全体的に見て、収入を三等分して、寮費（生活費）と、こづかい・衣類など、そして貯金、というような、計画的な生活設計ができるようになった。

ところが、寮生の内でも知能の高い者は、そうした自分の経済的なことがらを自分のこととして理解できるのだが、ほかの寮生たちは、そうしたことを、まったく理解することができない。したがって、自分の貯金などというものは、給料日に、本人の前で私が、「これは寮費、これはこづかいにしたり衣類などを買うためのお金、残ったお金は、貯金をしておくのだ」と、説明をする。そのときには本人も「ウン……、ウン……」と、あいづちを打って納得しているような顔をしているのだが、あらためて、「お前の貯金は……」と、彼らに聞きただすと、「貯金は、おじさんに取られてしまうお金だ」と、ハッキリ答えるのである。むりもない。本人にしてみれば、貯金をするという目的もないし、理解するということもできないし、また、そんな必要性を考える気持ちも、持っていないのであるから。

そうした寮生の、すべてのことは、私の判断によってどうにでもなってしまう。非常に都合のいいことのようだが、実は、これほど責任の重い、判断に苦しまなければならないことはない。寮生との生活のすべてを象徴しているような問題である。結果から見ると、これが、私なりに寮生との生活の中で育てることのできた自分の思考の成長となったものでもあった。

いいことだ……——いいだろうか……——いけないかもしれない——いけないとしたら……——いいだろう——いいのだ……。一つの問題を、自分なりにこのように考えてゆくことのできるようになったことが、社会福祉行政の体制に順応しない〝はちのす寮〟を持続させてゆく自信にもなった。

〝はちのす寮〟を持続してきたことや、これからも持続してゆかなければならない現実に対して、財政・経営問題などはどのようになっているのだろうか。そうした疑問が、当然、〝はちのす寮〟を外から見た場合には出てくると思う。それについて答えることができない、というわけではないが、〝はちのす寮〟という名称が印象づける、団体的なものの財政・経済問題は……という質問に答えるには、あまりにも貧弱なもので、答にならないということである。

現に、〝はちのす寮〟そのものの、集団としての人格や、社会の中での存在価値を、法によって認めることのできない事実が、それを物語っていると思う。したがって、〝はちのす寮〟の財政・経営問題は、個々の寮生と私の家庭の問題であり、具体的には、寮生たちは働いて得たお金の中から下宿代を支払って〝はちのす寮〟で生活をして、私の家庭は、自分の商売で得た利益で細々と生活をしながら、〝はちのす寮〟の運営を個人的にしているということである。

強いて、〝はちのす寮〟とは、という問いに答えるとすれば、「将来、精神薄弱というような条件を持つ者と、そうした条件を持たない者が、ともに生活をする場として、社会の人たちに理解してもらい、その存在を社会の必要条件とすることのできるようにするための場である」ということになると思う。ただ、物資的な条件に恵まれすぎている現代社会の中から〝はちのす寮〟を見た場合に、私の行為が、慈善的なものとして見られたり、寮生たちの労働力を利用しているのでは……というような誤解を招きがちであることだけが残念でならない。たしかに、私たちの立場は物質的なものには恵まれているとは言えないが、精神的には何人にも劣らない生活をしていることを自負することができる。

こうした性格によって、現時点での〝はちのす寮〟の財政・経営問題はハッキリ説明できないのだが、〝はちのす寮〟には将来がある。それに、将来についての具体的な計画のようなものも持っているし、少しずつでもその目的に近づくために、今、着々と進めているのである。

寮生や私たち家族の衣・食・住という問題の中の、衣・食の面は、寮生は働き、私たち家族も商売を続けてゆけば、過去の延長であるから、さほど問題はない。ただ、私や妻の〝はちのす寮〟に対する報酬のない労働力提供の限界という問題はあるが、それは、別に記したいと思う。

問題は、家庭のない寮生たちが落ち着くことのできる永住の地の建設である。これは、私自身が寮生との生活を始める時点で、目的であり責任の一つとして前提としていたことである。実は、寮生と生活を始めたときに居住していた場所は、私が人から借りていたもので、当然、返済すべき日のあるものであった。それだけに、最初から私なりにその問題に取り組んできたのだが、皮肉なことに、〝はちのす寮〟そのものが、社会福祉行政をはじめとする現在の社会状況の反体制的な立場にありながら、社会の悪現象である地価の高騰の波をうまく利用した結果となってしまった。そして、寮生との生活の始まった次の年に、それなりに準備していた些細な自己資金と、親戚・知人などから借りた金、七千万円で購入した土地を三回転売し、二回替地をして（その中には、こんな場所に精神薄弱者の集団が住んでは……、ということが原因になったケースもあった）、購入してから五年目に、市街地から自動車で七、八分の距離にあり、緑に囲まれ、敷地の中を清流の流れている、約二千㎡の永住の地を手にすることができた。

それによって、〝はちのす寮〟は、精神薄弱という条件を持つ寮生と私の家族が生活をしている場から、寮生対私の家族という直線的な関係を打ち破って、寮生たちに新しい人間関係をつくってゆくことのできる生活条件を築くことのできる場に、変身することができたのである。

むりのない人間関係

〝はちのす寮〟という集団の中には、管理する立場にある私たち夫婦、生活の中心となっている寮生たち、それに、私たち夫婦の二人の娘と、三者三様な立場の者が一つになって生活をしている。

私たち夫婦は、〝はちのす寮〟という生活の場で、寮生たちに対して、自分たちの子どもに対する気持ちと、同じような愛情を持って接している、というような美しいものではない。一般家庭とは違う、寮生たちとの生活環境から生まれてくる数々の矛盾のために、夫婦の間で、あるときは争い、あるときは罵《ののし》り合うこともあるような、生活を送っているのである。

そうした二人の間の問題が処理できるのは、二人の話し合いによる解決ではなくて、お互いが、そんな矛盾のある生活が自分たちの現実の生活であることを、なんとなく、諦めに似たような自覚をするからである。私にしてみれば、自分から求めた生活環境であり、妻にしても、夫である私に同意して入った生活環境であるからである。

そんな生活環境も、私たち夫婦の子どもにしてみれば、普通の家庭とは違う、問題の多い生活環境であり、その上、自分たちの親を、寮生のために独占できないということであるから、多くの不満のある生活環境だと思う。生活の中心となっている寮生たちにしてみても、自分たちのための生活環境の中に、別に、親と子の生活が存在しているのだから、やはり、何かと負担になるようなものがあるはずである。こうした、寮生、そして私たちの子ども、私たち夫婦が、〝はちのす寮〟の中で生活をしていて、三者に共通している点は、各自が、生活をともにしている者のために、何らかの犠牲を背負っているということである。集団生活の中での、そうした矛盾のようなものを処理するには、中心となっている私の一方的な権限によって、生活の中に規制などを多く定めれば、ある程度の問題は抑えることができるのだが、それでは、〝はちのす寮〟という集団生活を運営するためにだけ必要な解決方法にしかならず、〝はちのす寮〟の目的としている、個々の寮生たちの存在価値をば、制約してしまうことになる。

三様な立場にある者に、共通するむりのない人間関係とは……。

集団の中での各自が、ほかの者とのいろいろな条件などの違いを、生活の積み重ねによって理解することであって、けっして、自己の生活条件などによって、ほかの者を束縛しないということである。

私なりに考えた、このような人間関係とは、今日までの〝はちのす寮〟の生活が、それによって守られてきたというものではなくて、寮生たちとの生活が始まって今日まで、指導的な立場にあった私が、自分の性格による狡さや横着のために放任してきた生活管理の中で、三者が三様な生活を送ってきた、その結果によるものである。私が、自己弁護的に体裁よく言うと、個々の立場の尊重であり、自己反省として正直に言えば、まったくの放任主義であったということになる。

そうした中で、私たちの二人の娘は、最初のころには、自分たちの家族生活の邪魔になる寮生たちがいなくなることを、何よりの望みとしていたのだが……、最近では、人からのいただきものの菓子などがあると、自分たちが口にする前に、「お兄ちゃんたち（寮生のこと）の分は？」と、気を遣うようになった。わが子の中に、自己の存在を、生活環境の中で客観的に見る能力が芽生えたのを見ることができたような気がした。

寮生たちにしても、自分たちのための生活の場に存在する異質な親子の生活に対して、最初は嫉妬心のようなものを持っていたのだが、このごろでは、自分で買ってきた菓子などを、さりげなく、私の娘たちに、「ホイ……」と言って、自発的に分け与える姿を見るようになった。「サンキュー」と言って、その菓子を口にするわが子と、菓子を分け与えた寮生の姿を見て、私は、生活の中から生まれてきた素朴な人間関係の一端を見る思いがした。

余談ではあるが、寮生たちが、自分の持っている菓子などを、自発的に仲間の寮生に分け与えるようになったのは、〝はちのす寮〟での生活が始まってから二年ほど過ぎてからである。私の子どもにも、同じように与えるようになったのは、それからさらに一年ぐらいあとであった。

寮生たちが、自分の持っている菓子を、仲間の寮生に絶対に与えない場合がある。それは、誰それという特定な人物に対してではなくて、菓子を持っている者に向かって、一方的に菓子をくれるように最初にねだる者に対してである。そんなときは、その場にいあわせる仲間の寮生全員に分け与えても、最初にねだった者だけには、私が仲介しても、分け与えようとはしないのである。

人間関係というものは、つくるものではなくて、生活環境の中で複数の人間生活に必要なルールとして生まれてくるようなものではないかと思う。そのためには、常に対象となる人々の立場を理解しなくてはならないと思う。それは、対象となる人のためではなくて、自分のためであるからだと思う。なぜなら、私たちは、自己の存在の外見ですら、鏡のような道具を使わなければ見ることができないのであるから……、まして、自己の内面的なものを自分で見るためには、自分を見ることのできる対象者の中に存在する自己を見いださなければならないのだと思う。

精神薄弱という条件を持つ寮生たちは、私自身の内面を見る鏡として、私には恵まれた存在である。彼らは、私を過大評価もしてくれないし、過小評価もしてくれないからである。寮生たちとの生活によって、私たち夫婦と二人の娘が、自己の能力の範囲で成長することができたことを、なによりの喜びとしている。

帰ってきた寮生

家庭へ帰ってしまった勇三が、ヒョッコリと〝はちのす寮〟へ帰ってきた。

「勇三、どうしたのだ……」と、尋ねると、

「オッカサンのところへ、新しいオヤジ《親父》が来た……。ボク、その新しいオヤジと土方の仕事をしていたが……、きのう、そのオヤジが、仕事の休憩のときに、ボクに『百円のお好み焼きを二枚と、五十円のお好み焼きを一枚買ってこい』と言ったので、ボクが買ってきたら、ボクに五十円のお好み焼きを一枚くれただけで、新しいオヤジは、自分で百円のお好み焼きを二枚も食べてしまったよ……。ボク、アタマにきたので、オッカサンや、新しいオヤジに黙って、ココへ帰ってきたよ……。

ボク……、もう、ゼッタイに家へは帰らないからな……。いいだろ、おじさん……」と不安そうな顔をして、私に話しかけた。

「ああ、いいぞ……、おじさんが、お前の家へ話をしてやるよ」と、答えてやると、勇三は安心したのか、急に元気になって、

「おじさん、あのオヤジは、ボクのオヤジではなくて、オッカサンのオヤジだから、ボクには関係はないよ、なっ、おじさん」と、念を押すように言った。

「だが……、勇三、お前は、その五十円の小さい方のお好み焼きを食べたのか」と私が尋ねると、

「ちがうよ……おじさん、ボクは小さいのを一個しかくれなかったことが頭にきたので、ボ

クは食べなかったよ。そしたら、新しいオヤジは、それも食べてしまったよ。ボク……、大きい方をくれたら、頭にこなくて、お好み焼きを食べていたのにな｜」と、残念そうな顔をして答えた。

私は、勇三が、新しいオヤジの、自分に対する差別扱いに対して、勇三なりの方法で抵抗したことに、勇三が〝はちのす寮〟の生活の中で、自分の力で育った成果を見たような気がして、なんとなく楽しい思いがした。だが、勇三の心の中には、母親に対する未練を断ち切ることのできないようなものがあるらしく、

「おじさん……、ボク、新しいオヤジがどこかへ行ってしまったら、また家へ帰ってゆくよ……、いいだろ……」と、私に尋ねるのであった。

その後、勇三の家庭へ、勇三が〝はちのす寮〟へ来ていることを連絡したのだが、返事はなにもなかった。

人との〝ふれあい〟

これまでの〝はちのす寮〟は、一般社会の人たちから見た場合は、精神薄弱者の施設であり、当然、行政からの助成によって運営されているものだ……という印象を与えていたと思う。

事実、よく友人などから、「いい仕事を見つけたものだな。あんな仕事をしていれば、社会的な立場もいいし、第一に、生活の保障を国がするのだから、気楽ではないか……」と言われたことがあった。福祉国家という名称と福祉行政の実情との違いを、あまりにも知らないからである。それに対して、口角あわを飛ばして、日本の社会福祉対策の貧困の実情と、〝はちのす寮〟の存在を話すのにも時間が必要だから、「ア……、マアマア……」と、曖昧な返事をしてきた。

一方、社会福祉関係者からは、邪道的な事業である……という見方をする人と、〝はちのす寮〟のありかたの必要性を認めながらも、法の先取り的な事業の持続性に疑問を持つ人とがあった。

だが、細々ながら続けてきたという事実を〝法の盲点を補う事業〟として、朝日新聞社の「明るい・社会賞」というかたちで認められ、ＮＨＫテレビの〝ある人生〟という番組で、〝社会福祉事業のありかたの一つ……〟として、広く紹介されたことによって、〝はちのす寮〟を持続させてゆく自信と、目的のまちがっていなかったことを確認することができた。

また、これが機会となって、多くの人たちとの交わりができるようになった。社会福祉施設などへ奉仕というかたちで入るのではなくて、〝はちのす寮〟の寮生たちとの生活を、自分自身の体験として、その中から、なにか……を自分で見いだすことを目的とした若い人たちが、〝はちのす寮〟の生活の中へ飛び込んできた。そうした若い人たちは、寮生と日常生活を一年なり半年なりともに過ごした人や、〝はちのす寮〟という生活の場を、広い意味での自分たちの生活の場にするために、その生活環境設備を充実させることを目的として、毎年二回、一回が二、三週間、ワーク・キャンプという方法で、〝はちのす寮〟の生活に参加する人もあった。

それらの人たちは、寮生たちの持っている精神薄弱という条件ゆえの劣等意識のようなものに対して、それがなんの差別意識にも値するものではないことを、〝ともだち〟というふれあいによって知らせてくれた。

〝はちのす寮〟の一番の盲点であり、私が常に感じていた不安は、〝はちのす寮〟の存在と持続が私個人によって支えられているために、私個人の身辺の都合によっては常に崩壊の危険性を伴っているという問題であった。しかし、このような若い人たちが〝はちのす寮〟を自分たちの場としていくことの積み重ねによって、何らかのかたちで〝はちのす寮〟が受けつがれてゆく可能性がでてきたので、その私の不安もとり除かれるような気がする。

V 十年の日々をふり返って

社会福祉と連帯意識

昨年だったか、東京で重症心身障害のあるわが子を、どうすることもできなくて、思案の末に殺してしまった年老いた父親があった。これに似たような事件は、私たちの日常社会の中でも時々耳にする。その父親が、裁判の結果、同情的な判決を受けた。

判決の中に言う同情とは、被害者の生命に存在価値がないことによるものではなくて、社会体制の貧困によるものであることは明白である。

だが、それでも、一人の人間の生命が、殺人という憎むべき行為によって抹殺されてしまっても、被害者である者は、自分が心身に障害を持つことによって、加害者に対して同情を与えなくてはならないという事実は、いったい何だろうか……。

そうした社会体制の中にある社会福祉問題を考えるときに、第一に整理しておかなければならないのは、社会福祉そのものが、社会の中にある矛盾の処理施策ではなくて、社会全体の安定のためであるということである。したがって、社会福祉の主導権は、行政でも社会福祉専門家と言われている人たちでもなくて、その国の人、全体のものである。

幅広い社会福祉問題に、個人としてどのように〝かかわり〟を持っていくか……ということであるが、その前に、すべての人が〝かかわり〟を持っているとは言いきれない、現在の社会福祉の中にある具体的な欠陥問題を二、三例、あげてみる。

もっとも重視しなくてはならないはずの重症心身障害者に対する施設の実情は、現在、対象者人口の約一割ほどのベッドが行政によって用意されているのだが、そのわずかのベッドすら、看護する人が不足して、利用されないままに空いているのである。

（参考＝重症心身障害者が施設へ入るのには体重制限がある。理由は、看護する人の労力的な限界があるということからである）

社会福祉事業法に基づいて、社会福祉施設を設立する場合に、建築物に必要な資金は、そのほとんどの金額を行政によって助成されることになっているのだが、実際には、助成する側である行政の見積り単価と市価との間に大きな差額があるために、実質的には必要建築金額の半額ほどにしかならない。そればかりか、そうした助成金が、直接に国庫から支出される場合は少なく、ほとんどが、ギャンブル事業である自転車（競輪）振興会などから、国の代行として助成される場合が多い。

その上、法に基づく社会福祉施設を運営する場合に、行政からの助成金に付随して、法による制約が強くて、現実的な実情を拘束する場合があり、形式的な行動にこだわったり、運営経理面でも、二重帳簿的な操作をしなければならないような例も多いのも、否定できない事実である。

このような実情は、直接、一般の人たちには関係のない話であるが、こうした事実が示唆している問題は、行政を中心とした現在の社会福祉対策が、矛盾の多いものであるばかりか、限界のあることを物語っているものだと思う。

そうした社会福祉のあり方を、今後、どのような方向に持っていくか……ということであるが、現に、社会福祉問題の一つである老人福祉問題を考えてみても二十年後には、全人口の四分の一を老人人口で占めるという事実は、行政中心主義の専門家のみの従事する社会福祉対策では解決を見ることができない問題であると思う。

結局は、社会福祉問題を地域社会の問題として、人々の連帯意識による日常生活の一環として対処してゆかなければならない。その場合に、行政は経済面のみの安全保障であり、専門家は、高度な知識と技術による助言者的な立場として参加することが望ましい。

そうした見地での具体的な方法は、まず、行政によって、現在の小学校学区を単位として、その小学校と同じスペースの土地と、最低でも、現在の小学校に必要とする経費と同額の費用を支出して、地域福祉センターのようなものを設置することである。

〝福祉〟は、広域なものとして、社会・公共の両福祉を目的として、現在の社会福祉に対する人々の意識を、もっと身近な問題として対処できるようにする。

地域福祉センターの運営には、地方議員だとか、民生委員・保護司・教育委員・地域自治体などの、現在では無報酬で名誉職的なものを統一整理して、住民代表としての地域センターの専従人材にして、それに、教育委員会・保健所・警察・社会福祉事務所などの各行政機関から各専門職にある人たちを、専従者としてセンターに出向かせて、そうした人たちによって地域福祉センターを円卓的な機構によって運営に当たることが望ましいと思う。

地域福祉センターに対する市民参加の方法としては、若い人たちが職業を持つ前に、地域社会に対して自覚を持つように定期的な参加を義務づけるとか、育児期間を終えた婦人の社会参加の方法としてだとか、定年後の若年老人の〝いきがい〟を求める生活の場としてだとかが考えられる。このような幅広い年齢層の参加による労働力を、専門家の助言をもとにして地域の心身障害者に対する多様な方法による介添的な協力をはじめとして、そのほかのあらゆる住民福祉の向上のために活用することが望ましいことだと思う。心身障害を持つ人であっても、基本的には、当然、可能なかぎりの障害に対する助力によって、心身に障害を持たない者とともに日常生活を営むべきだからである。

だが、心身障害という条件の中の機能障害に対しては医療による療育のようなものが必要である。そのためには、現在の心身障害者に対する医療側などが、いま一歩、一般社会に近づくことが必要だと思う。たとえば、市中の総合病院などに、心身障害科というようなものがあると、地域福祉センターというようなものの存在する社会の中であれば、一般社会の中での心身障害者の日常生活の場は、一層、幅広いものとなると思う。

また、現在の心身障害者を対象とした社会福祉施設は、より高度な、専門的な知識と技術を持って、個々の施設が、療育指導のような部分的な専門技術分野での特長を持つ施設として、現在の収容的な感覚から脱皮してゆくことが望ましいと思う。老人ホームのあり方を例にしても、現在の収容的な対象者は、地域センターの連帯意識による施策に委ねて、糖尿病患者老人ホームだとか、肢体不自由者老人ホームなどと、地域社会での老人対策では手のとどかない面を補うものとすべきだと思う。

現在の社会福祉対策も、一面では充実されつつあることはたしかだ。現に、社会福祉の中心となるべきセンター的なものを建設して、それを中心として地域社会へ細心な施策をする構想を持って、具体的に進展されている事実もある。そうした施策が、完全なかたちで実現する可能性も、また、それによって、対象者となる人たちに、目的としたところの影響を与えることができるのも、さほど長い時間を必要とするものではないと思う。だが、それが行政の構想を、社会福祉の専門家とか関係者と言われている人たちのみによって実現されるものであるかぎり、心身に障害を持つ人たちに対する連帯意識は結実しないし、社会の矛盾を処理するための隔離的なものであるという誤解を拭うことは、できないものだと思う。

今、大切なことは、心身に障害を持つ人たちとの、連帯意識による地域社会のありかたを考えることであり、今こそ、行政による施策の充実がこれから五年先であるよりも、二十年先の人びとの連帯意識による社会福祉の確立のための、個々の人びとの、意識の〝芽生え〟が必要な時代である。

寮生とともに

江尻満里

長いようでも、ふり返ってみると、走馬燈のように過ぎてしまった十年でした。

最初に夫が寮生たちを引き取ってきたときには、未知の将来を進まなくてはならないという、不安と驚きの交錯したような気持ちでした。実際に寮生と生活をしてみると、その生活は、今までの常識的なものとは別な生活であり、それに追われてしまって、不安というようなものを感じている暇もありませんでした。

だが、精神薄弱者と言われている人たちについての知識のあまりなかった私には、正直に言って、精神薄弱者であるという寮生たちに嫌悪のようなものを感じることもありました。私と二歳しか年齢の違わないヒゲ面の寮生から「おばさん、おばさん」と近寄ってこられると、身の毛だつ思いがしたのもたしかです。

そうした自分の感情は、精神薄弱というものを知らなかったためであったことに気づいたのは、寮生との生活が三ヵ月ほど過ぎてからでした。私たちは、一年たてば一歳、二年たてば二歳というように成長することを、当然のこととして、そうでない状態は変なことであり、その変なことを普通ではないのだ、自分たちとは違うのだ、という考え方で処理してしまうために、そのそうでない状態に対して、嫌悪のようなものを感じてしまうことに気づきました。そうした目で寮生を見ることができるようになってからは、別に、寮生と生活をしていることには抵抗のようなものは感じませんでしたが、日常、生活してゆくための問題は、いろいろとありました。

　第一に、寮生たちの食事の世話なのですが、炊事をすること自体は、最初のうちは義妹も手伝ってくれたし、夫も手伝うから、さほどのこともなかったのですが、十数名の食事では、普通の家庭のように、「きょうはお茶づけで……」というようなことができないし、家庭のない寮生がほとんどであるために、お盆もお正月もない食事の世話……、ということが気持ちの上で大変な負担でした。

　それによって、普通の家庭のように、親戚、知人、子どもの学校関係などとのおつき合いというようなものが時間的に制約されてしまうので、「もしも、人様からつき合いが悪い……、などと誤解を招くのでは……」というような気苦労がありました。それでも、できるだけ都合をつけて、そういうことのないようにするために、私が家を空けるときには夫が一人で炊事をすることもありました。

最近になって夫は、「おかげで、オレも、女ひと通りのことはできるようになって、いつでも嫁入りすることができるぞ……」と冗談を言います。シャクなことに、寮生たちは、「おばさんが食事を作るよりも、おじさんが食事を作った方がオイシイよ……」と言います。別に夫の方が料理方法が上手ではないのですが、夫は経済観念が薄いので材料を豊富に使ってしまうからです。

そういえば、経済的な面での苦労も大きなものでした。食べ盛りの寮生たちに、少しでも量を多くという配慮は、経済的な面にひびくし、これまでの毎日毎日、頭痛の種でした。そして最近、そうした悩みだけは、最初の頃よりも深刻になりました。寮生たちの経済的な一面を十年前と比較してみると、寮生の給料は約六倍、寮生たちの支払う寮費は約四倍、寮生たちの使うこづかいの価値は約十分の一ぐらいです。

寮生のこづかいの価値が小さくなっているのは、つまり物価の高騰によるものですから、寮費の値上げ率が物価の高騰についてゆけなくて、〝はちのす寮〟の経済的な面だけがますます苦しくなり、寮生と私どもの家庭との関係が、年々、よい方へ深くなってくるのに反比例していきます。そのため、夫と私の口論は、毎月、月末が近づくにつれて激しくなるのが実情です。

寮生たちだけは、私どもで金銭の管理をしているので浪費もなく、十年間に貯金も溜って、百万円を突破した寮生が四人もいます。私が夫に、「私たちのような貧乏人が、どうして寮生のような〝お金持〟の世話をしなくてはならないの……」と、腹いせのように言うのですが、夫は、「ウン、、、」と、次の言葉を出すのに困っているような返事をするだけです。

それよりも、収入の多くなった寮生たちがボーナスをもらってくると、夫が寮生たちに、「お前たちは、たくさんボーナスが入っていいな……」と言っている言葉に、なんだか実感がこもっているように思えて、変にみじめさのようなものの一端を感じてしまうのです。寮生の収入の多くなったのに比例して、寮費の方も値上げすればいいように思うのですが、そのことについて夫と話し合って出る結論はいつも同じで〝はちのす寮〟に法的な人格がないので、どんなことを定めるのにも、判断力のない寮生たちに対する一方的な行為となることに対する躊躇に終わってしまいます。夫の口癖である「戦争中の物資のないころのことを思えば、まだまだ大丈夫だ」といって十年間を、背広一着で過ごしながら大きな顔をしている夫の強がりも、どこまで続くのやら……そうした意味では、〝はちのす寮〟も転換期を迎えていると思います。

寮生と私どもの家族との関係、とくに私たちの子どもと寮生の関係ですが、それは、寮生の方にはあまり変化はないのですが、二人の子どもの方は、年々、寮生に対する気持ちのようなものが変わってきました。寮生と生活を始めたときには、上の娘が六歳で、下の娘は三歳でした。上の娘は、あまり感情を表へ出さない性格ですし、下の娘はどちらかと言うと上の娘と対象的な性格で、二人の娘たちの、寮生に対する態度は別なものでしたが、二人とも、年齢によって、寮生に対する共通な見かたをする時期がありました。

小学校の低学年までは、寮生の持っている精神薄弱という条件に対してはなんの抵抗もなく、お兄ちゃん（寮生を子どもたちは、そう呼んでいる）たちとの共同生活の大家族的な生活環境に満足感のようなものを持っていたようにも思われます。それを過ぎて、小学校の高学年から中学校の一年生ごろまでは、ある種の抵抗期と言えるような時期で、日常生活の中でも、学校の友だちなどと街にいるときなどに、寮生から言葉をかけられたときなどに、自分の友だちの見る目を意識してか……、そんなときの寮生の存在をいやがるようでした。

しかし、そうしたものが、日常生活の中で、寮生対自分の子ども、というかたちで、生活のありかたとして問題になったことはありません。高校生ぐらいになると、寮生たちを一人の人として見るようになり、そうした一人の人を、自分の考えの中で見るようになりました。

このように、三期に大別する時期がありましたが、個々の寮生にもいろいろな意味での個人差のようなものがありますので、個々の寮生対娘というかたちでの抵抗期のようなものと言えば、両方が思考力や判断力などのちょうど同じような発育段階にあるときが、そんな時期であったような気がします。

寮生との生活が始まって半年ほど過ぎたころに、なんだか私どもの家庭生活のすべてが、寮生たちのために完全に犠牲になったような気持ちがしていました。そうした問題から、せめて一日でも逃げ出すことができたら……、などと思う日が続きました。

寮生たちが働くようになってから最初のお盆休みのこと、夫が寮生を連れて二泊三日の旅行に出かけました。留守番役の私は、最初の一日目は待望の寮生からの解放感を満喫したような満足感がありましたが、さて、二日目になるとなんだか気抜けしたような思いで、時間の過ぎるのが待ち遠しいような気さえしました。

三日目の夕方に、主人が寮生を連れて、どやどやと帰ってきたときには、普通の生活が帰ってきたような安堵さえ覚えました。それからは、お盆や正月には、帰る家庭のない寮生たちと私どもの家族が揃って旅行に出かけることにしています。

考えてみれば、せめて一日でも寮生たちから解放されたい……と思うのはむりだと思います。寮生にしてみれば、〝はちのす寮〟にいることは生活なのですから……。生活そのものに休日があるはずはありません。年月の積み重ねは、生活の知恵を教えてくれて、生活の中で休息を取ることができるようになりました。今では、寮生たちのために生活をしているのではなくて、私の生活の中に寮生がいるのだ……、という気持ちが持てるようになりました。

きょうまでの生活の中で感じたことは、いろいろな心身に障害を持つ人たちを家族の一員としている人たちの日々の生活は、大変なご苦労のある生活であることが、よく理解できたし、そうした立場にある人たちの問題を社会の問題として考えてゆくには、まず第一に、いろいろな心身に障害を持っている人たちに対して、社会福祉事業だとか、ボランティア活動などによってかかわりを持つ人を、立派な人だという評価をする一方で、たまたま親子とか兄弟というような関係で、障害のある人たちとかかわりを持たなければならない立場にある人たちが、社会の目を気にしながら身の細る思いをして生活をしなければならないような、そういう社会背景のようなものを考えてゆかなければ……と、夫と話し合うこのごろです。

十年の年月を過ごした〝はちのす寮〟の大きな欠陥は、従来の施設ではできない少人数の集団として家庭的なムードをつくることを主眼にしてきたつもりでしたが……、現実には、食事のしたくなどは作業的になってしまい、私たち家族が寮生たちとともに食事の時間を楽しむというようなことは不可能です。できることなら、炊事仕事が一般家庭的なこととしてできる範囲で、二、三名の対象者を家庭に引き取って、里親的なものとして家庭と両立させることができるのが望ましいと思います。

いずれにしても、一番大切なことは、心身などに障害を持つ人こそ、より恵まれた（経済的な安定とそれ以上の精神的な理解のある）家庭環境が必要なのではないでしょうか……。

こうした生活の中で、一つだけ先々の問題として常に考えていますのは、私どもの二人の娘が、それぞれに成長して、自分の生活を築くようになったときに、現在の私どもの生活環境が、何らかのかたちで娘たちを束縛することにならないようにしなければ……ということです。

一つの家族となった〝はちのす寮〟の人びと

おわりに

とりとめのないことばかりを書いてしまって、自分で読み返してみたのだが、一貫性のない断片的な構成の中に、つじつまの合わないような思考表現の交錯や、依怙地な感情露出による社会批判めいた愚論などと、文筆無才というような言いわけだけでは責任を負いきれないようなありさまだが、それにも恥じずに、こうして記しているのは、いったい何を人々に訴える意図を持っているのだろう……と、書き終わった時点で、愚かにも自問自答しているようなしだいである。

あまり例のない、寮生と私の家族の生活を知っていただきたいのか、精神薄弱と言われている寮生たちの代弁者として、彼らに対する理解を求めているのか、心身に障害を持つ人たちとの連帯意識の必要性を訴えているのか、あまりハッキリしないのだが、拙文を書いているあいだ、多く記した〝精神薄弱〟だとか〝心身障害〟という字を書くたびに、わだかまりのようなものを感じた。肉体と精神によって形成されている人間の半面である精神が薄弱だとか、心に障害があるというような意味を感じさせる言葉の表現は、人間としての価値観の差別をしてしまうような誤解を招くようなことがあるのではないだろうか……。

精神薄弱と言われている人たちは、精神が薄弱なのではなくて、自分の精神を表現する機能の発育が遅帯しているのではないだろうか。心に障害があると言われている人たちは、心そのものに障害があるのではなくて、やはり、自分の心を表現する機能に障害があるということではないだろうか。自分の精神だとか心というものを、うまく表現して、人に伝えることのできない人が、どうして人間としての価値がないと言えるのだろうか……。

自分の心を偽って、言葉たくみに表現をする、偽善者と言われるような人間的価値のない人もいる。自分の心というものは、言葉のようなものを使わないと表現することのできないものだろうか……。

十数年前には、人びとから、避け嫌われるような暗い生活を送っていた私が、私なりに、こうして人びとに訴えることができるようになった。その私なりの成長は、生活をともにしてきた寮生たちの、薄弱な精神によって育てられたものではなくて、彼らとの〝ふれあい〟の生活の中で、彼らの表現することのできにくい美しいほど淡白な精神によって、育てられたものだと思う。

俗に言う精神薄弱者とは、「いい意味にも、悪い意味でも、いつまでも童心を持ち続けている人」であり、精神薄弱者と言われていない私たちは、いい意味にも、悪い意味でも、童心のようなものを忘れてしまっているのではないだろうか……。私の家族と寮生たちとの生活はそうした相互関係によって、お互いがそれなりの成長をしてきた生活であったと思う。

あらゆる心身障害などの問題、それは、そうした障害を持つ人たちだけの問題ではなくて、持つ者と持たない者の、相互の問題ではないだろうか……。

十年の成長期を終えた〝はちのす寮〟も、そうした考え方を基礎にして、私の家族対寮生という関係から脱皮するために、緑と清流の自然環境に恵まれた〝はちのす寮〟の敷地を解放して、〝はちのす寮〟に集まった若い人たちの力で、〝心身障害者とともに集うキャンプ場〟を開くことができた。規模は小さくて貧弱なものだが、年々に利用する人も多くなってきた。

そうした人たちと〝はちのす寮〟が、お互いに、〝緑と清流に恵まれた地〟を自分たちの場として、いつかは……、心身に障害を持った人たちを中心にした、これからの社会のあり方の縮図となるような場に発展させていきたいと思う。

最後に、社会の一隅にあった小さな事実である〝はちのす寮〟の生活体験を記した雑文を、社会に訴える方法として一冊の本として出版できるように配慮をしていただいた風媒社の勇気と決断や、風媒社の皆様のご指導と協力によって拙文の整理ができたことなどを、心から感謝をして筆を止めることのできたことを、私の十年の生活をふりかえることのできた、大きな喜びに思います。

江 尻 彰 良

ほうり出されたおれたち

（一九七七年　初刊）

●社会福祉の谷間で

はじめに

精神薄弱という条件を持ち、その上に、家庭や家族すらも持たない若者たちと、行政や社会福祉助成団体などからの財政的援助のたぐいのようなものを一切受けることもなく、一般社会の中で、〝はちのす寮〟という名称で共同生活を営んで、自分たちで働き、自分たちで生きてきた、この十三年……。

そうした、あまり例のない生活形態を持続させてきたことは、いい意味でも、悪い意味でも、さまざまな問題を生み、同時にそれなりに、さまざまな問題をも解決してきた面もあった。

二年前に、この私たちの生活の記録を、『おまえら　ばかか』と題して一冊の本にまとめ、風媒社から出版し、多くの人たちに紹介される機会を持つことができた。

『おまえら　ばかか』などという、人を喰ったような題名を使ったのは、私自身が、彼らと日常生活を共にする以前には、精神薄弱という条件を持つ者に対して、「お前たちはバカだ」と、自分の浅はかな思慮で断定して呼んでいた言葉が、今になって、生活を共にした彼らに当たって返ってくる〝こだま〟のように、声なき声として、私の脳裡へ警鐘のような響きをもって「おまえら、ばかか……」と、返ってくるような思いがしたためであった。

各新聞をはじめとして、多くの人たちから好意的な評価をいただいたことは、私にはまったく予想もしなかったことであり、共に日常生活を営んでいる、精神薄弱という条件を持つ若者たちの〝代弁者〟としての私のつたない〝声〟が、これほどたくさんの人々に共感として伝わったことに対する責任と反省が、日ましにつのる思いである。

たしかに、自分なりには事実を事実として記したつもりであったのだが、よく考えてみると、事実を事実として記しても、それが必ずしも真実ではない場合もあり、また、事実を事実として記すことには、他への影響のようなものをも配慮しなければならないような面もあって、結果として、事実の一面だけを記したのみであったことにも気づいた。多くの人たちからの評価の中には、精神薄弱という条件を持つ個々の寮生たちの、一人の人間としての成長の可能性を追求したことに対するものだとか、〝はちのす寮〟という他に例のない生活集団の今後の安定と充実を配慮してくださる意味での問題提起もあった。

当然、私としては、このような問題に答える義務があり、それに答えること自体が、いろいろと問題点の多い〝はちのす寮〟という特異な集団の将来のあり方を確立してゆくための糸口ともなると思う。しかし、正直に言って、この問題を自分なりに考えれば考えるほど、その原点のようなものは深いところにあり、また、まったく別なところとでも言えるような、社会福祉関係社会から離れた、ごくあたりまえの一般社会生活の中にこそ〝はちのす寮〟の当面の問題をも含めた社会福祉問題の中にある欠陥のようなものをも解明してゆくことのできる要因があるようにも思う。

社会福祉施設という枠の中から、いい意味でも悪い意味でも脱皮したような〝はちのす寮〟という生活環境の中で、事実として語れなかった真実のようなものを、いまいちど、彼らの〝代弁者〟であるという自分の立場の責任のみでペンを執り、前記拙著『おまえら　ばかか』の補足と、みなさまからの〝はちのす寮〟に対する温かい問題提起に少しでも答えることを目的として、自分の文筆無才を恥じることのない図々しさで、『ほうり出されたおれたち』と題して再記することを序文とします。

いまひとつ序文として皆様にお詫びしておきたいことは、本書が拙文の上に、文中に〝精神薄弱という条件を持つ者〟というような、まわりくどい言葉の表現を引用している面が多々ありますが、それは、私の私なりの生活体験から、日常生活を共にしてきた若者たちをひとりの人として見た場合に、彼らの背負っているハンディキャップが、人間価値の問題とはまったく関係のない、ただ単なる条件の違いにすぎないことを痛感したために、あえて文中に引用したような次第です。

文章表現としての常識を欠くそうしたことを、私の意として事前に了承をいただいた風媒社のご配慮のあったことも、ここに付記いたします。

一九七六年十月

江尻彰良

I 〝はちのす寮〟の問題

〝はちのす寮〟への関心

前回の拙著『おまえら　ばかか』の出版がきっかけとなって、〝はちのす寮〟の存在に関心を持たれた多くの人たちから、便りをいただいたり、訪ねて来ていただく機会が多くなった。中には、実際に〝はちのす寮〟へ訪ねて来られて、「看板に偽りありで、〝見ると聞く（読む）とは大違い〟」と、失望をされた方もあったと思う。

そうした人たちに与えた〝はちのす寮〟の印象は、「『〝はちのす寮〟は、施設ではなくて、〝下宿屋〟的なものです』ということだったが、なんだ、あれでは、下宿屋どころか、工事現場の〝飯場〟の方がまだましではないか。寮生たちは勝手気ままな生活をしているし、寮生に対する教育指導的な要綱がないことだけが〝下宿屋〟的であって、設備の面では、最近の工事現場の飯場の設備にもほど遠い、オソマツなものではないか」というものであったと思う。

たしかに、〝はちのす寮〟の実態はその通りであって、そのことに関してはひと言の反論もない。しかし、〝はちのす寮〟が〝下宿屋〟的であるというのは、精神薄弱者を対象とした社会福祉施設のあり方に対して、必ずしも反発する意味ではなく、精神薄弱という条件を持つ者が、その条件を持つということを別にして、あたりまえの一人の人として、あたりまえの生活をするという意味での、生活の場として〝下宿屋〟的であるということである。

したがって、〝はちのす寮〟自体の自己弁護になるかもしれないが、〝はちのす寮〟が工事現場の〝飯場〟よりも設備的に不備であるということは、〝はちのす寮〟の実体とはまったく関係のないことのように思える。

そんな〝はちのす寮〟に、〝なにか〟があるのではないか、と関心を持ってくださった人たちを大別すると、

(一) 社会福祉施設の職員の人たちや、民間社会福祉施設の運営に携わっている人たち。この人たちは従来の施設形態に多く見られる生活管理方式からの脱皮を追求していて、施設対象者と施設職員が施設の日常生活の中で〝共に生活をしている〟という意識を持つことのでき

る小舎制——小人数を単位とする共同施設生活が可能な生活様式——を試みるために、「〝はちのす寮〟の実践生活が参考となれば……」という観点から。

(二) 心身に障害を持つ人たちのための教育・福祉・行政などの福祉関係団体に所属している人たちや、実際に心身に障害を持つ者が家族の中にいる人たち。この人たちは、家庭や家族すらも持たずその上精神薄弱というハンディを背負っている者が、社会福祉行政とはまったく〝かかわり〟なく一般社会の中で自主的に日常生活を営んでいる「〝はちのす寮〟の生活事実の中にどのような一般社会の人たちとの〝かかわり〟があるのだろうか……」という観点から。

(三) 広い意味でのボランティア意識を持つ人たち。この人たちは、特異な形態にある〝はちのす寮〟の将来のあり方に関心と疑問を持ち、「〝はちのす寮〟とともにボランティア活動を考え求めてゆこう……」という観点から。

〝はちのす寮〟に関心を持たれた人たちの、このような問いかけに答えることが本書の課題であり、今後の〝はちのす寮〟のあり方を位置づけることにもなると思う。弁解がましいようだが、〝はちのす寮〟そのものが〝目的を持って実践するという意識的な存在〟ではなくて、〝実践の中で目的を模索しているような状態〟であるために、答えが必ずしも答えにならない面もあるかもしれない。しかし、精神薄弱という条件を持つ〝はちのす寮〟の寮生たちが日常生活の中で求めている〝なにか〟を受けとめていただくことができれば、それをもって〝はちのす寮〟が抱えるさまざまな問題に対する一応の答えとさせていただくことができるのではないかと思う。

本当に求めている場

最近、社会福祉収容施設の管理方式的なあり方に対し、反省と改善を求める声が関係者の中から出ているようである。

たしかに収容施設においては管理的な要素が一面で必要であるのかもしれないが、収容されている側からすれば収容施設とはいえ自分たちの〝日常生活の場〟なのである。現在、その〝生活の場〟の運営において、〈行政―施設長―課長―係長―一般職員―収容者〉という管理体制が採られているのは、社会福祉収容施設と刑務所ぐらいのものである。そうした面だけからすれば、一つの家族と精神薄弱という条件を持つ若者たち十名からなる〝はちのす寮〟は、人間集団の基本的な単位である家庭的なムードを持つ生活の場であると言えるかもしれない。

しかし、実際には、精神薄弱という条件を持つ寮生たちと私（寮生たちの管理者でなく、〝代弁者〟でありたいと思っている私ではあるが）の立場の違いが、〝はちのす寮〟の日常生活の中で管理的な側面として表われてくるし、また、家庭的なムードという問題にしても、私自身十名の寮生に対して、〝わが子のように〟という完全な人間性を持ちあわせていず、寮生たちとの関係を〝単に日常生活を共にしている関係〟と考えているので、おのずから限界があると思う。だから〝はちのす寮〟に家庭的なムードがあるとすれば、それは〝はちのす寮〟が人員的に家庭的な単位の集団であることによるものだと思う。たしかに生活単位が小規模であればあるほど人間関係は充実したものとなる。しかしいくら家庭的な要素を取り入れたとしても、家庭でない生活形態はやはり家庭でない生活形態にすぎないのである。わずか十名の寮生たちとの日常生活の中でも、時々、「もしも個々の寮生たちが、恵まれた環境の家庭で日常生活を送ることができたなら……」と、〝はちのす寮〟という寮生たちの生活環境の限界を痛切に感じることがある。

本来、精神薄弱という条件に関係なく、誰もが、自分の家庭を日常生活の場とするのが自然である。まして精神薄弱という条件を持つ者は、その条件ゆえに、思考力・判断力が幼児的であるために、家庭という生活の場をもっとも必要とするのではないだろうか。といっても、精神薄弱という条件を持つ者に理解を持つことのできる家庭環境は彼らにとってもっとも恵まれた生活の場であるが、理解を持つことのできない家庭環境は最悪の生活の場である。最近、一部の人たちに〝精神薄弱という条件を持つ者を家庭で育てることは不可能である〟かのような間違った風潮が見られるが、決してそのようなことはない。精神薄弱という条件は、ごくあたりまえの成長過程の途中である一部の知的能力の成長が遅滞しているだけのことである。そうした意味からすれば、ごくあたりまえの成長をする者を育てることができる家庭であれば、その成長の途中の段階にある者を育てることができないということはないはずである。ただ、精神薄弱という条件を持つ者が家族の一員として家庭にいることによって、対外的な意識、介添的な労力の負担、家庭経済に及ぼす影響、療育・教育に対する家庭能力の限界など、さまざまな問題が生じてくることも事実である。しかしこれらの問題はそれぞれ個々に分離して考えてゆくべき問題であり、そうすることによって解決の道も開けてくるのではないかと思う。そこで、一つ一つこれらの問題を具体的に考えてみたいと思う。

〈対外的な意識〉

対外的な意識による家族の者の精神的負担の原因は、そのほとんどが、社会全体の慣習によって培われてきた精神薄弱という条件を持つ者に対する愚かな差別意識にあると思う。その被害者的な立場にある彼らのもっとも身近にいる家族の者がそうした問題から回避していては、彼らはますます被害者的な立場に追いやられてしまうことになる。彼らのもっとも身近にいる者こそが、毅然とした態度で立ち向かわなければ、彼らはいつまでたっても日の目を見ることもできず、社会の中での下積みの生活環境に甘んじなくてはならないのである。

〈介添的労力・経済的負担〉

精神薄弱という条件を持つ者のいる家庭では、たしかに介添的な労力の負担が増大することによって、その家庭を経済的に脅かす事例がある。こうした問題こそ、行政施策によって解決すべき問題である。つまり社会福祉問題に関する具体的な〝かかわり〟は、それぞれの問題についで専門的な立場にある者や、直接に〝かかわり〟を持って共に生活する者などの責任行為であり、行政施策の責任行為は、そうした当事者に対する身分保障や経済保障など物質的側面における援助の範囲でのみ可能であると思うし、またそれが現実に実施されなければならないのである。

〈療育・教育の問題〉

〝自己をより成長させる〟ということは、精神薄弱という条件を持つ者にとっても、〝一人の人〟として当然の権利である。しかしこの権利を具体化する方法・手段に関しては、家庭という限られた集団の能力では限界があり、療育・教育などの専門機関を利用することが必要である。そのためには、〝精神薄弱という条件を持つ者が、自らの当然の権利として療育・教育専門機関を利用する〟という基本的な考えを、社会通念として確立せねばならないと思う。現在、常識的な意識として通用している、〝施設へ収容する〟という施設側の姿勢、〝施設へ収容してもらう〟という家族側の意識——そうした考え方が結局、親として当然の義務であり権利でもある〝大切な子どもに対する保護権・養育権〟までも施設に依存する態度を生み出し、同時に〝ただ収容すればいい〟という考え方を施設側にもたせる結果となるのである。

「施設を利用する」という基本的な意識の欠如が、現在の施設をただ収容機能だけが充実した隔離施設とし、存続させているのではないだろうか。これからの社会福祉施設は、利用する側のさまざまの条件によって選択することのできる、それぞれに専門的な特色を持った施設として運営されてゆかなければならないと思う。そのときにこそ、現在の収容施設形態の中にあるさまざまな問題も、自然に解消されてゆくのではないだろうか。

私はこれまで、〝はちのす寮〟は施設ではないと説明してきた。それは、現在の法律の範囲では〝はちのす寮〟の目的や形態が施設として認められない状態にあるためである。しかし私は、そうした法の意向とは関係なく、私なりのこれまでの生活体験によって、精神薄弱という条件を持つ者を対象とする特定の分野（家庭を持たない中・軽度の対象者が、一般社会の中で日常生活を営んでいく上で必要とする、介護的な実践分野）では、いつでも誰にも負けない専門家となることができる、と自負するだけの自信は持っているつもりである。

しかし、〝はちのす寮〟と、法でいう施設との間に、交わることのない二本のレールほどの違いがあることに変わりはない。たとえば施設収容定員の問題にしても、「家庭を持たない精神薄弱という条件を持つ者の社会生活の場としては、十名が最大限度である」というのが私の基本的な認識であり、現在の法の定める人員とはまったく妥協できないものである。

精神薄弱という条件を持つ者が利用したいと思い、また本当に必要としている施設は、法によって定められた限られた制約のある施設ではなくて、法の精神に基づいて保障されたさまざまな形態の施設ではないだろうか。

地域社会とのふれあい

最近の社会福祉施設を見ると、地域社会との〝かかわり〟ということを施設の最終的な目的として、さまざまな方法で実践されている例が多く見られる。たしかに地域社会との〝かかわり〟は、もっとも大切な施設の目的であると思うのだが、実際には多くの場合、〝地域社会〟の範囲だとか〝かかわり〟の内容に明確性が欠けていると思う。

施設外のすべてを〝地域社会〟と考えるのか、それとも施設の周辺地域――県・市・学区・町内会のようなものを〝地域社会〟単位と考えるのか……。仮に施設外のすべてを〝地域社会〟と考えるならば、地域社会との〝かかわり〟を持つという目的以前の問題として、現に地域社会と〝かかわり〟を持つことができていないという施設形態そのものの改善が必要である。施設の周辺地域を〝地域社会〟として〝かかわり〟を持つためには、その施設が、周辺地域社会の側からして、具体的にどのような必要性があるかという、位置づけを明確にすることが前提ではないかと思う。

また、地域社会の人たちとの〝かかわり〟というのは、施設の対象としている人たちに対する地域社会の人たちの連帯意識の啓発なのか、地域社会の人たちからの施設に対する援助を求めることなのか、それとも施設の対象としている人たちと地域社会の人たちが日常生活の中で、具体的な〝ふれあい〟を持つということなのか……。

たしかに、そうしたいずれのことも、大切であり必要なことではあるのだが、施設の対象者となっている人たちと、地域社会の一般住民の人たちが、なんらかの方法で、ただ直接に〝かかわり〟を持つことだけで、社会福祉の問題が解決できるものではないと思う。

むしろ、そうした問題の解決の糸口のようなものは、心身に障害を持とうと持つまいとそんなことはまったく関係のない、ごくあたりまえの、人と人との〝かかわり〟の中にあるのではないかと思う。

心身に障害を持つ人たちと、直接的な〝かかわり〟を持つことだけを社会福祉的な行為であると解釈する考え方をすれば、個々の立場や条件などの違いによって、直接に心身に障害を持つ人たちとの〝かかわり〟を持つことのできない立場にある人たちは、社会福祉に理解を持つことができない人である、というような区別意識にも似た考えも出てくるだろうし、また、心身に障害を持つ人たちとの〝かかわり〟さえ持っていれば、というような、社会福祉という問題を単純な方法手段のみによって解消するような風潮にもなりかねないと思う。

たとえば、心身に障害を持つ人たちとの〝かかわり〟を積極的に持つ反面で、ごくあたりまえな人間関係すら常識的にできなくて、自己主張のみを正当化しているような人があるとすれば、それは、心身に障害を持つ人たちを自己主張の道具としているような、もっとも愚かな行為になると思う。

〝はちのす寮〟が周辺地域社会の人びととの〝かかわり〟を問題にする以前から、〝はちのす寮〟の寮生たち一人ひとりは、それぞれに、ごくあたりまえの地域社会の一人であったのである。

したがって、寮生たちと地域社会の人たちとの〝かかわり〟は、精神薄弱という条件を持った〝はちのす寮〟の寮生としてではなくて、個々の寮生たちが地域社会の中での、あたりまえの生活の中で持ってきた〝かかわり〟である。

同じ職場で働くことによって知りあった人。毎日の職場への行き帰りに、バス停やバスの中で会うことによって知りあった人。日曜日に街へ遊びに出かけて、パチンコ屋や飲食店などで、ときどき出会って知りあったり、いつも買い物に行くいろいろな商店の人など。その他に、地域社会の中で、ときどき顔を合わせることがあって、なんとなしに知りあった人たちなどである。

寮生たちがそうして知りあった人たちは、寮生を知りあったことによって、寮生の持つ精神薄弱という条件に対して気遣いをしてくださることがあり、それが、〝はちのす寮〟の存続できる大きな要因ともなっているのである。

精神薄弱という条件を持つ十名の寮生たちを、職業を持ちながら私たち夫婦二人の片手間だけで、収容施設のように特定な管理指導のもとに収容者の行動範囲を完全に限定することもなく、十三年もの間、そうした施設常識では考えられないような生活形態を持続させることができたのは、寮生たちが日常生活の中でどのような場所でどのような状態でいようとも、コンピユーターによる情報網よりも精密で感情までも含めた、地域社会の中の多くの人たちの、それとない寮生たちに対する温かい気遣いのような〝ふれあい〟が、無数に張り巡らされていたからである。

各々の地域社会の中で、社会福祉問題と真剣に取り組んでいる人たちが、従来の収容施設から脱皮した新しい施設のあり方として追求している、地域社会の中に必要な〝中間施設〟というのは、〝はちのす寮〟のそうした状態と同じものを求めようと願っておられるものだと思う。

仮に従来の収容施設の中に、そうした地域社会との〝かかわり〟を求めるとするなら、まず第一に施設の運営者と職員が、施設周辺地区の地域社会での住民の一人としての位置づけを、明確にしなければならないと思う。

社会福祉施設が、対象者の持つ障害という条件に適応した療育・教育などの専門機関として、つまり個々の施設が専門的な特徴を持つ施設として発展してゆくならば、強いてそうした地域社会との〝かかわり〟は必要ではなく、むしろ専門機関として発展することによって、〝対象者を隔離している〟という要素を解消してゆけば、必然的に、「施設は自分たちの持っている条件を克服するためにのみ利用する場である」という考えが定着すると思う。

そうなったとき初めて、多くの人たちとの〝かかわり〟を持つことのできる地域社会や、地域社会の中の〝中間施設〟は、精神薄弱という条件を持つ者が自らの〝一人の人〟としての所在を確かめることのできる〝場〟として、より大きな役割を果たすことができるのではないかと思う。

不器用な生き様を生き晒す決意

〝はちのす寮〟を訪ねて来られた人たちの中でいちばん多かったのは、「〝はちのす寮〟という、従来の社会福祉施設とはまったく違った生活形態の中に、本当の意味での〝ボランティア活動〟の実践があるのではないだろうか」という期待と関心を持って来られた人たちであった。

〝ボランティア活動〟の定義が、「みずからの意志によって、自己の経済的な生活の手段としてではなく、福祉的な活動を自主的に行う」ということであれば、寮生たちとの私の生活は、まったくその通りなのである。

しかし、私は、そうしたことについてハッキリと説明をすることもできないし、自分自身の行為がボランティア活動であるとは、まったく考えてもいないのである。自分のそうした立場を説明するとしても、「それは、生活です」としか、言いようがないのである。

福祉問題に関する専門職と、ボランティア活動としての〝かかわり〟との違いは、福祉的行為の内容において量的な面と技術的な違いがあるだけのことで、〝かかわり〟を持つという意識には、そうした行為の量だとか質のようなものは、まったく関係のないものだと思う。

したがって私の場合は、量・質の面でプロ的であるというだけのことである。だから、そうした私の行為に対して経済保障の道がなんらかの方法で開かれたとしても、寮生たちとの〝かかわり〟の中にある私の意識は、まったく変わらないと思う。

仮に、私の寮生たちとの〝かかわり〟をボランティア活動だとするならば、寮生たちの日常生活の持続の大きな支えとなっている、地域社会の中でのさまざまな人たちとのさまざまな〝かかわり〟は、その人たちの自主的な行為ではないのだから、ボランティア活動ではないということになるのだろうか。

寮生たちにしてみれば、そうした二つの〝かかわり〟の中にある意識の持ち方の違いなどは、正直に言ってどちらでもいいようなものであって、そうしたどちらの〝ふれあい〟も、日常の生活をする上での欠くことのできない〝かかわり〟であるということだと思う。

それに寮生たちにしてみれば、ボランティア活動としての意識的な行為の対象となることは、日常生活の中での地域社会の人たちとのなんでもないような〝ふれあい〟と比較して、精神的な負担を感じることになるのではないか、とも思うのである。

そうした意味からすれば、〝ボランティア活動〟というのは、定義としては「みずからの意志によって、自己の生活の手段としてではなくて、福祉的な活動を自主的に行う」ということではあるが、広義の意味では「みずからの意志を人に押しつけることなく、自己生活手段の中に、いつでも福祉的な活動を自然に考慮していく」というような、〝なんでもないような配慮〟をすべての人が日常生活の中で常に持つことではないかと思う。

〝はちのす寮〟へ、「真の〝ボランティア活動〟の〝あり方〟のようなものがあるのではないだろうか」とわざわざ訪ねて来られた人たちに、そんな説明をするのだから、訪ねて来られた人たちの大半は、失望どころか、その曖昧な説明に腹立ちや憤りを感じられたことだと思う。

だが、実際に、精神薄弱という条件を持ちその上に家庭や家族すらも持たない若者たちと、一般生活の中で行政的な助成を一切受けることもなく十三年間、ただひたむきに生きるというだけの生活を積み重ねてくると、そうとしか説明することができないのである。

それは、〝はちのす寮〟の生活の中にある問題が、思想・信条・宗教などの違いによって考え方が異なるというような高尚な問題ではなくて、もっと現実的な次元での、寮生たちとともにただ〝生きてゆく〟というような問題であるためである。

そんな漠然とした基本姿勢しか持っていない〝はちのす寮〟であるのだから、当然、設備的にも、その持続性にも、問題がある。というより、〝疑問〟の上に存在しているような実態である、といった方が適切なのかもしれない。

すべてを合理的に考える現代社会の風潮からすれば、不器用としかいいようのないそうした〝はちのす寮〟の〝生き様〟を、恥じることもなく寮生たちとともに〝生き晒し〟てゆくことは、現実には、寮生たちに重い負担を背負わせてしまうことになるかもしれない。しかし広い意味で、寮生たちと同じ条件を持つ者が必要とする、新しい生活形態の試みを実践する者の、宿命的な責任として、そうした一日一日の〝あした〟を積み重ねてゆくこと以外に、〝はちのす寮〟の目的と将来の〝あり方〟を明らかにする道はないと思うのである。

幸いなことに、地域社会の中で寮生たちが〝ふれあい〟を持つさまざまな人たちの中から、そうした〝はちのす寮〟のあり方に共鳴する人が出て、「〝はちのす寮〟は、どうあるべきか」ということを話題にして、ときどき話し合える機会を持てるようになった。

精神薄弱という条件がある上に家庭や家族すらも持たない寮生たちにとって、もっとも望ましい〝はちのす寮〟の姿は、寮生たちが社会生活を営む上で不可欠の居住の場として種々の設備を完備し、同時に相談・助言・介護などに必要な人材を配置した、法的な人格を持つ施設である。その実現の可能性は、すべて行政側がそうした施設の運営形態を合理的な形態として認めるかどうか、にかかっているのである。そうした施設の必要性はただ〝はちのす寮〟のみの問題ではなく、心身にさまざまな障害を持つ人たちすべてが日常生活に必要な差し迫った問題として求めているものではないかと思う。

実りと共に

江尻満里

寮生たちと生活を共にして十三年、もう、そんなに過ぎてしまったのか、というのが実感です。

当時、寮生たちは中学卒業年齢の十五、六歳の男の子。私どもの子どもは、長女が小学校の一年生で、次女は保育園へ入った年でした。

今では、寮生たちは二十七、八歳の若者に成長し、二人の娘も、上は高校を卒業し、下が高校一年になりました。あまり例のない生活環境の中での私は、一人の母親として、精神薄弱という条件を持つ若者たちとの共同生活が自分の子どもたちに対してどのような影響を与えるのだろうか、という不安のようなものを持っていました。

でも、この十三年間の生活の中では、そうしたことに対して私がただ不安のようなものを持っていただけで、具体的には日常生活に追われて、何もすることはできませんでした。

しかし、十三年の年月の結果、寮生たちは寮生たちなりに成長し、娘たち二人も娘たちなりに成長しました。

そうした結果から考えてみると、心身に障害を持った人たちと共に生活をすることに、何か問題があるのではないだろうかと考えていたこと自体に、問題があったことに気づきました。それは、心身に障害を持った人たちに対する、心身に障害を持たない者の、差別意識や偏見などによるものではないでしょうか。これは、私が一人の大人としての、自分なりの、あまり一般的ではなかったこの十三年の生活体験による感想ですが、二人の娘たちの感想を聞いてみると、次のような答えが返ってきました。

長女「自分の育ってきた生活環境が、あまり一般的ではなかったために、友だちの家庭生活環境をうらやましく思ったこともあった。だけど、お兄ちゃん（寮生）たちとの共同生活を体験したことによって、学校生活の中であたりまえとされているようなテスト競争の渦に巻き込まれることもなく、人に負けまい人に勝たなくてはというような、人を自分の競争の対象として見なければならないような惨めな気持ちを持たなくてもよかったことが、なによりだったと思う」

次女「私は、友だちと違う自分の家庭環境が、今でもイヤだ。

どうしてイヤかと言うと、知恵の遅れている人がイヤだとか、キライだというわけではないが、ウチには知恵の遅れているお兄ちゃんが、あまりにもたくさん集まりすぎているからだ。たしかに、知恵の遅れている人たちは、みんなで助けあってゆかなければならないが、なにも、知恵の遅れている人たちばかりを、一つの場所に集めることはないと思う。

キット、お兄ちゃんたちにしてもイヤだろうと思う」

これが、二人の娘たちの、それぞれの意見です。

年齢的な判断力の差や性格的な違いもありますが、上の娘はそれなりに社会環境を含めた考え方を持ってきたことがうかがえますし、下の娘はそれなりに、一つのことを批判する力を育てつつあるように思います。

たしかに二人とも、親の意志のみによって、あまり一般的でない家庭生活環境の犠牲になった面もあったと思いますが、二人の娘たちがいつかそれぞれの家庭を持ったとき、これまでの生活体験が、それぞれの家庭を大切にするための糧になるのではないかと思います。

それとともに、二人の娘たちがそれなりに心身に障害を持った人たちの問題を社会全体の問題として考えてゆくことのできる社会人となることを願っているのが、二人の娘を持つ母親の、そして実り多い寮生たちとともに生きてきた私の、小さな願いです。

もうひとつ寮生たちの成長の過程で学んだことですが、生活の中での寮生たちの問題行動を考えてみますと、たしかに寮生たちの精神薄弱という条件にその原因の一端はありますが、根本的な原因となっているものは、個々の寮生の性格的なものであるような気がします。

そうした意味で、親として、自分の子どもに対する責任の重さが、いかに大切なものであるかということを、痛感させられました。

Ⅱ 与太郎の時事放談

与太郎の小咄

江尻彰良

与太郎と言えばご存じのように、伝統芸能である落語の中に登場する、熊さん、八っつぁん、ご隠居などとともに並ぶ、落語芸能を支えている重要人物の一人である。

間の抜けたような与太郎がもたらす笑いは、与太郎の単純な思考による挙動などによるものである。そうした与太郎を笑うことによって笑う者が得るものは、愚かな与太郎の存在に対する笑う者の優越感による心の和みのようなものだと思う。

そうした笑いというものは、落語という伝統芸能が存続している事実からしても、ある意味では、私たち人間の本能的な行為であるのかもしれない。

私たちが、精神薄弱者だとか心身に障害を持っている人たちに対する、差別意識のようなものを完全に排除するためには、落語の中の与太郎の存在による笑いまでも、否定しなければならないことになる。

心身に障害を持っている人たちに対する差別意識をいろいろな方法手段で排除する前提として、私たちは、与太郎を笑うという〝人が人として、理想的に完全でないゆえの愚かさ〟を、常に自覚してゆかなければならないのではないだろうか。私たちに笑いをもたらす与太郎の〝挙動〟は、実は私たち自身に対する与太郎の批判——純粋な判断による批判——としてあるのではないだろうか。私たちは与太郎を笑っているが、本当は与太郎に笑われているのかもしれない。「与太郎のように愚か者ではない」と単純に自負している者が、現代社会には何と多いことだろう。

そういう社会のさまざまな断片を与太郎が見たとき、次のような数々の、笑えぬ〝小咄〟が生まれるのではないかと思う。

「たいせつ」な選挙権

オレのことをみんなが「バカだ」という。オレは、自分でも、アタマガワルイことをしっているので、「バカ」といわれてもいいのだが、オレにわからないことは、バカでない人たちは、どうしてバカではないのだろうか、ということである。

イマノヨノナカは、バカでない人たちによって、なりたっているのに、バカなオレがかんがえてみても、あまりにも、ヘンなことが、おおすぎるとおもう。

だが、それは、オレが、ヘンにおもっているだけのことで、本当は、あまりヘンなことではないのかもしれない。


オレがハタチになったときに、成人式というのがあって、

「お前は、今日から、大人になったのだぞ」と、人からいわれた。

キノウまで子どもで、今日から大人になったぞといわれても、オレは、すこしもかわらない

し、大人になったとも、おもわなかった。

　はやく、大人になる人は、成人式がくるまでは、大人であっても、子どもだろうか。なんでもキチンとすることはいいかもしれないが、オレは、成人式があるために、みんなから「ハタチにもなって」と、いままでよりもバカにされるようになってしまった。

　成人式で、もう一つこまったことは、オレにも、選挙権というものができてしまったことである。選挙権というのは、たいせつなモノだそうだが、オレには、どうしてたいせつなのかが、サッパリわからない。

　オレも、一度だけ、選挙の投票をしたことがあるのだが、ダレに投票をしていいのかわからなかったので、オレのしっている人に、選挙公報というのを、よんできかせてもらったのだが、立候補をしている人たちは、みんな、リッパないい人たちばかりだとおもったので、いい人の中から、いい人をえらぶのはムツカシイので、オレは、投票用紙に、なんにもかかずに、ソノママで投票をした。

　オレがヘンにおもうのは、いい人ばかりの中から、いい人をえらばなければならない、ということは、ワルイ人ばかりであっても、その中から、ワルイ人をえらばなければならないということである。

えらびたい人がいなくてこまる人たちは、オレのように、ソノママで投票をすればいいかもしれないが、それでは、その人たちの、たいせつな選挙権というものは、ぜんぜん、投票にもゆかない人たちと、おなじことになってしまって、選挙権というものが、どうして、たいせつなものなのか、オレには、サッパリわからないようなきがする。

オレもときどきこまるのだが、「いいか、わるいか」とか、「すきか、きらいか」などときかれても、そのことが、自分では「よくもないが、わるくもない」とか、「すきでもないが、きらいでもない」ということがよくあり、その返事に、コマルことがある。

選挙の投票の方法も、誰かを、えらばなければいけない、ということだけではなくて、誰もえらびたくないとおもう人たちのいることも、ハッキリとすることができると、ホントウに、いいのではないかとおもう。

そして、オレのように、えらびたくないのではなくて、えらぶことのできない者には、たいせつな選挙権のかわりに、オレたちにも、たいせつであることがわかるような、〝生キテユキヤスイ〟方法を、かんがえてくれるといいとおもう。

それに、カラダノ不自由な人には、たいせつな選挙権だけではなくて、オレたちとおなじように、〝生キテユキヤスイ〟方法も、かんがえてあげなければいけない、とおもう。

勲章の差別

世の中には、リッパな人が、たくさんいる。

マジメに、コツコツとはたらく人。ムツカシイ仕事を、イッショウケンメイにする人。すばらしいことをする人などと。

いろいろなことをしていても、リッパな人は、みんなおなじ、リッパであるはずである。

だが、リッパな人たちが国からもらう勲章というのは、一等から、七等までに、わかれている。

一等がいいのか、七等がいいかといえば、一等のほうが、いいいのにきまっている。アタリマエのことだ。

そうすると、世の中のリッパな人たちにも、〝よいリッパな人〟と、〝あまりよくないリッパな人〟とが、あることになってしまう。

〝よいリッパな人〟になるのには、政治家か、金持ちか、それとも、大学の先生などにならなければ、なれない。

マジメに、コツコツとはたらくだけでは、いくらガンバッテも、〝あまりよくないリッパな人〟にしか、なれないことになっている。

勲章とは、なんだろう。

トシヨリがもらうから、トシヨリのオモチャだろうか。〝よいリッパな人〟だといわれているトシヨリは、いいオモチャ（勲章）をもらって、〝あまりよくないリッパな人〟だといわれているトシヨリは、あまりよくないオモチャを、もらうのだろうか。

勲章とは、ホントウに、なんだろう。

いい人たちを、区別するものだろうか。いい人たちが、世の中で区別されているのなら、勲章をもらうことのないオレたちは、いったい、世の中で、どのような区別（差別）をされているのだろうか……。

教育の落ちこぼし

オレが、中学三ねんのときに、学校に、特殊学級というのができた。特殊学級というのは、オレのように、アタマのワルイモノのためにつくられた組である。

オレは、頭がワルイので、いままでの組から、すぐに、その特殊学級へ、いれられてしまった。

特殊学級は、あまりむつかしい勉強をしなくてもいいので、アンキに、勉強をすることができたが、いままで、みんなとおなじ組にいたのに、キュウに、別にされてしまったので、みんなとあそんだり、はなしをするコトが、なくなってしまったので、さびしいキモチがした。

特殊学級へかわって、いちばんさみしくおもったのは、まいにち、いっしょにあそんでいた、トナリのウチのトモちゃんが、オレとぜんぜんあそばなくなってしまったことである。

トモちゃんが、オレとあそばなくなったのは、オレが特殊学級へカワッテから、しばらくすぎたある日、チョットしたことがあったからである。

いつものように、授業がすんでから、オレたち特殊学級のモノは、職員室の掃除をしていた。

職員室では、トモちゃんが、先生にシカラレていた。

「友一、おまえのお母さんは、おまえをA高校へ入学させたいと、言っていたが、通信表の国語の成績が〝2〟では、A高校どころかB高校もむりだぞ。

こんな成績なら、高校へ行くのはあきらめて、いっそのこと、特殊学級へ替わった方がいいぞ。勉強も楽だし、それに、おまえは、与太郎と仲がよかったからな」

と、いって、先生は、トモちゃんと、職員室でソウジをしていたオレの顔を交互に見ながら、ニヤニヤと、笑った。

そんなことがあってから、トモちゃんは、オレとはなしをしなくなってしまったのである。

トモちゃんの国語の成績が〝2〟になったのは、もともと、トモちゃんは、あまり国語が得意ではなかったからでもある。トモちゃんとオレが、まだ小学校のころに、よく、トモちゃんのおかあさんが、

「友一、おまえは、国語の成績が悪いから、まいにち天神様へお参りをしなさいよ。そう、与太ちゃん、あんたも、友一といっしょに天神様へお参りしてきなさいよ、ネ」

と、いつも、クチグセのようにいっていた。

それで、オレとトモちゃんは、毎日のように、ちかくの天神様の境内で、なかよくあそんで

いたのだ。トモちゃんは、天神様へゆくと、いつも、天神様にお参りをするが、オレは、お参りなどはせずに、天神様のトリイにションベンをカケて、タカイところまで、ションベンのアガルのを、トモちゃんに、ジマンをしていた。

トモちゃんは、オレがションベンでヌラシた、天神様のトリイに、シルシ（印）の線をしてくれて、

「ヨタちゃん、きょうは、高くまで上がったな」

と、よく、オレをホメテくれた。そんなときに、オレは、ウレシカッタし、トモちゃんが、ホントウに、オレの友達だとおもった。

オレは、いつも、トモちゃんに、

「オマエも、鳥居に、ションベンをかけてみろや、キモチがいいぞ」

といったが、トモちゃんは、

「チンポコがハレルから」

といって、オレのマネをしなかった。

一度だけ、トモちゃんも、オレにソソノカされて、天神様のトリイに、ションベンをカケたことがあったが、トモちゃんは、トリイのネモトを、チョロチョロと、ヌラシタだけで、途中

で、べつなトコロへカケていって、残りのションベンをしながら、オレのカオをみて、テイサイのワルそうなカオをしたことがあった。

職員室で、先生にシカラレていたトモちゃんは、そのときの、オレにソソノカされてションベンをしたときのことを、おもいだしていたのか、オレのカオを、コワイ目でニランデいた。

そんなことよりも、オレは、トモちゃんも、トモちゃんをシカッテいた先生も、どうして、トモちゃんの国語のセイセキが、〝2〟になったかという、原因に、気がつかなかったか、とフシギに思った。

もともと、トモちゃんとオレは、同じ組にいた。

オレは、頭がワルイので、通知表のセイセキは、体育と音楽のほかは、全部〝1〟ばかりであった。そのオレが、トモちゃんの組から、いなくなってしまったのだから、誰かが、オレのかわりに、〝1〟を、とらなければ、ならないはずである。

いままで、〝2〟を、とっていた誰かが、オレのとっていた〝1〟をとることになったので、その、誰かがとっていた〝2〟を、たまたま、それまで〝3〟をとっていたトモちゃんが、とっただけのことである。

トモちゃんだけではなくて、オレが、トモちゃんたちの組に、いなくなっただけのことで、通知表の成績が、下がってしまった者が、いることになる。

たしかに、特殊学級は、オレのように、頭のワルイ者が、勉強をするだけのためなら、いいとおもうが、学校の都合で、ダメな者ばかりを集めるだけの、特殊学級というような考えが生まれると、トモちゃんのような、新しい、ダメな者を、つぎつぎと、ツクリ、結局は、学校そのものをダメなものにすることになるとおもう。

オレが、いちばんいいとおもう特殊学級のありかたは、オレたちが、みんなといっしょに、普通の組にいて、オレたちが、みんなについてゆけない勉強の時間だけ、オレたちにできる勉強をするための、自由につかえる教室があればいいと思う。

その教室は、オレのような、アタマのワルイ者だけが、使うのではなくて、ケガやビョウキなどで、体育の授業ができなかったり、いろいろなゲンイン（長期欠席・一時的な学習の遅れ）のある者が、ドシドシと、使うことのできる、教室にするとオレたちも、みんなから、別にされたようなキモチを、もたなくてもよくなるとおもう。

ダメな者を、区別するという考えは、天神様にお参りをすると、頭がよくなるという、考えとおなじで、あまり、いい考えではないとおもう。

どうしてかというと、どちらも、自分勝手な考えで、人のセイにするからである。

ここでちょっと、オレにムツカシイ理屈をのべさせてもらうと、教育というものが義務である以上は、アタマがよかろうがわるかろうが……、すべての者がまったくおなじように教育をうけるのがあたりまえである。

そうしたことをゼンテイにして考えてみると、特殊教育というのは、オレたちのようにアタマのワルイ者のためのものではなくて、アタマのワルイ、オレたちを教育をする側の、教育技術のみの問題ではないかと思う。

そうした教育技術の方法や手段として、オレたちのようにアタマのワルイ者を特殊学級という場所に分類することは〝やむをえない〟こととしても、そうした事実からうまれる学校全体の中の差別・区別意識の弊害を解消することをも含めたことこそが、特殊教育というものではないかと思う。

特殊教育というのは、広い教育分野の中でいちばんたいせつなものだが、特殊学級が、オレたちのようなアタマのワルイ者ばかりを区別する場であるばかりか、学校の先生たちの中にまで、ダメな先生を特殊学級へ回すというようなことがあったとしたら、いまの学校教育は、まことにオソマツな、オレのアタマのワルイことよりもキノドクなものだと思う。

いまの学校教育の大きな問題として、ひとつの学級の中に、教科についてゆけない落ちこぼれになる生徒が多くなったことがある。これは、よく考えてみると落ちこぼれではなくて、教育をする側の一方的な落ちこぼしではないだろうか……。どうしてかというと、教育を受けるのがだれにでも平等のケンリである以上は、教育をする側は、ひとりの人でも落ちこぼさないことが教育の原則であるからである。

特殊教育技術というのは、どの学校の、どの先生もが、基本的なものとして持っていなければならないと思う。それは、学校の先生が、学校の先生であるからである。

オレが自分のアタマでは考えられないようなむつかしいコトを、どうしてこんなふうにして話したかということは、いまの学校のありかたの中に、オレとトモちゃんのように、もともと仲のよかった者が、イヤな思いをするようなことが多くなってはコマルと思うからである。ただそれだけのことだ。

ウソを見抜いた（？）お医者さん

痛くないときと痛いとき

オレは、嘘をついて、オオカミに食べられてしまった子どもの話を、きいたことがあった。

そんなことはウソだとおもっていたが、オレも、ウソをついたために困ったことがあった。

もう二年も前のことだが、オレは、あまりオトウにシカラれたので、オトウに、カタキウチをしてやろうとおもって、夜中に、腹が痛いとウソをいって、騒いでやった。

そうしたら、オトウはブツブツといいながら、オレを医者へつれていった。

オレは、オイシャサンに、「ホントウは、腹は痛クナイ」と、いおうとおもったが、そんなことをいったら、オトウが、カンカンになってオコルとおもったので、オイシャサンにも、腹の痛ソウな顔をしてみせた。

オイシャサンは、オレの目をみたり、口のナカをみたり、首をオサエテみたり、腹を、何度もオサエてみてから、

「たいしたことはないと思うが、注射をして、薬を出しますから。もしも、朝になっても痛むようだったら、もう一度、来てみてください」

と、いって、オレの尻と、ウデに、一ポンずつ、注射をして、タクサンのクスリをくれた。

オトウは、医者からの帰りに、

「いくら、夜間診療でも、六千円は高すぎるよ」

と、オレに、文句をいっているようにして、ヒトリゴトをいっていた。オレは、ホントウは、腹が痛クないのに、注射を二ホンも、ウタレたうえに、オトウから、

「与太、おまえのために、病院で六千円も払わされたのだから、病院でもらってきた薬は、全部飲んでしまえよ」

と、いわれて、オトウに、むりやりタクサンのそのクスリを、のまされてしまった。オレは、なんだか、そのクスリが、コワイような気がした。

コワイといえば、そのクスリは長細く、カタホウが赤のがヒトツと、黄色のタマがフタツ、細長くカタホウが青色のがヒトツで、まるで、危険をしらせる、交通信号の色のようなクスリだった。他に、白いタマを、フタツも、一度に、のまなければならなかった……。

腹が痛クないのに、こんなに、タクサンのクスリをのまされたのは、オレが、腹が痛クない

のにウソをいったための、バツだとおもった。

それにしても、あんなにタクサンのクスリは、いったい、なにに効くクスリだろう。きっと、オイシャサンは、オレがウソをついていたのでどこがワルイのか、わからなかったので、いろいろなトコロに効く、クスリをくれたのだとおもう。

オイシャサンは、薬屋さんよりも、親切だとおもった。オレは、それからしばらくしてから、こんどは、ホントウに、病気になってしまった。

虫歯が痛クて、ホッペタがハレてしまって、痛いのがガマンできなくて、ナミダが、ポロポロとでてきた。こんども、オトウが、ブツブツとぼやきながら、オレを、ハイシャサンへ、つれていってくれた。

ところが、ハイシャサンは、

「うちは、予約制にしていますので、予約をしていただかないと治療することができません。それに、虫歯は、痛むときには治療の施しようがないからね。まあ、薬局店で、痛み止め薬でも買って、飲ませて、痛みが無くなって、腫れが引いてから、予約の申し込みをして、治療（予約してから、二週間ほど過ぎてから）に通ってください」

と、いって、ナオシテもらえなかった。

ずーっと前に、やはり、虫歯が痛くてガマンできなくて、ハイシャサンにいったときには、スグに、ハイシャサンが、スーとする、ニガイようなクスリを、虫歯につけて、ナオシテくれたのだが……。

今のハイシャサンと、昔のハイシャサンとは、ベツな、ハイシャサンになってしまったのかと、おもった。

痛クない歯を、抜いたり入れたりするだけなら、ハイシャサンは、ハイシャサンではなくて、入れ歯屋さんに、なってしまったのかな……、とも、おもった。

そうでなくて……、オレが前に、腹が痛いとウソをついたので、そのときのオイシャサンと、こんどのハイシャサンが、相談をして、オレがウソをいわないように、反省させるために、オレを、困らせたのかもしれない。

もしも、オイシャサンやハイシャサンが、オカネモウケばかりを、考えなければならないのなら、それはオイシャサンやハイシャサンが、ワルイのではなくて、ナニカ？（保険医療制度と、それに対する全体意識など）に、原因が、あるとおもう。

これは、オレがきいた話だが、あるオバーサンが、イシャダイがタダだからといって、あちこちのハイシャサンで、入歯を、イクツも、つくってもらって集めて楽しんでいるそうである。

自動販売機のこと

コノゴロは、モノヲウル・キカイ（自動販売機）というのが、いろいろなトコロに、おいてある。モノヲウル・キカイは、便利だというが、オレには、便利などころか、たいへん不便である。

駅などで、キップをかうのにも、いままで、キップをうっていたトコロへいっても、駅ノ人が、ダマッテ、キップをうるキカイのほうを、指サスだけである。

オレが、キップをうるキカイのところへいっても、キップをうるキカイには、オレでは読むことのできない、漢字の、駅ノ名前が書いテあり、ドレをおしていいのかわからないボタンが、タクサンならんでいるだけである。

昔は、キップをうるトコロで、駅ノ人が、キップをうるだけではなくて、電車などにのる、時間や、場所までも、親切に、おしえてくれたものだ。

今の、キップをうるキカイは、ナニも、おしえてくれない。それに今は、タバコや飲ミモノ、食べモノからパチンコのタマまでも、モノヲウル・キカイで、うっている。

モノヲウル・キカイで、いろいろなモノをかえば、口をキカナクテモいいかもしれないが、オレのように、アタマのワルイ者には、どうして買うのか、よくわからないからこまってしまう。

モノヲウル・キカイができたために、バスに、シャショウサンがいなくなったので、バスにのっても、キップをかうお金を、自分で計算をして、オカネ・カエル・キカイ（換金機）で、ツリセンのいらないように、しなくてはならなくなったので、オレは、バスに、シャショウサンがいなくなってからは、自分ひとりで、バスに、のれなくなってしまった。

バスにのるのに、こまるようになったのは、オレだけではなくて、目のミエナイ人や、トシヨリだとか、子どもをつれた女ノ人なども、バスの、のりおり、のときに、手助けしてくれるシャショウサンがいなくなったので、こまるとおもう。

モノヲウル・キカイができて、こまる人があるのだから、そのブンは、誰が、トクをしているのだろうか。話の、できにくい人には、モノヲウル・キカイは、便利かもしれないが、モノヲウル・キカイは、その人たちのためをおもって、ツクッタものではないのだし、その人たちが、ホントウに、欲シイのは、モノヲウル・キカイではなくて、話ができにくくても、ミンナといっしょに、たのしく生活のできるような、世の中の、いろいろなモノである。

誰が、トクをするのかわからないような、モノヲウル・キカイのようなものが、タクサンできるようになってしまうと、「オマエタチ（一般大衆）は、話のできにくい人のように、ナニモ、言ワナクテモ（体制に順応していれば）いいのだ」と、ダレカ（調和のない進歩）に、命令（順応）させられてしまう、コトに、なってしまうかもしれない。

自然との調和

いろいろと、便利なことや、自分に、都合のいいことは、ホントウに、いいことだろうか……。

コノゴロは、遠いところへ、遊びにゆくのにも、新幹線や飛行機にのって、カンタンに、ゆけるようになった。

そのために、昔は、遠いところから、人が遊びにくると、ナツカシかったり、ウレシかったりしたものだが、今は、遠い所の人でも、新幹線や飛行機で、その日のうちにきて、その日のうちに帰ってゆくことができるようになってしまったので、遠いところからくる人に対するナツカシサや、ウレシサも、あまりなくなってしまった。

なんでも、便利にしたり、都合をよくすると、そのこととはベツなことで、こまるようなコトが、デキルのでは、ないだろうか。自然のナカにも、それとおなじようなキマリがあることを、オレは、知ッタことがある。

オレのウチは、山にかこまれていて、自然が、いっぱいある。いろいろな小鳥や、リスやウサギや、イタチなども、ウチの近くへやってくる。

ちかくの川には、サカナもいるし、いろいろな虫なども、いっぱいいる。

オレは、虫でも、鳥でも、動物でも、みんな、好きだが、蛾だけは、あまり好きではない。蛾には、チョウチョのような、キレイナのもいるが、夜になると、光に、イッパイあつまって、羽についている粉を、イッパイ、バラマクので、オレは、それが嫌いだ。

ある日、オレは、蛾が、あまりタクサンいるので、クスリをつかって蛾を全部、タイジしてしまった。

そうしたら、蛾はいなくなったのだが、フシギなことに、オレの好きな小鳥が、オレのウチのちかくへ、ぜんぜん、こなくなってしまった。

あとになって、人にきいて、その原因がワカッタのだが、オレのウチのちかくへ小鳥がきていたのは、小鳥が、蛾や、蛾の幼虫やタマゴなどを、エサにするために、蛾のタクサンいる、オレのウチのちかくまで、やってきていたのである。

これと、よくにた話だが、あるトコロに、椿が、イッパイに、ハエテいる山があり、その山を椿だけの山にして、そのトチ（地域）のミセモノ（観光資源）にするコトにしたそうである。そのために、その山にある、椿のホカの、草や木を、ぜんぶ、キッテしまったそうである。そうしたら、つぎの年に、カンジンの椿が、ぜんぶ、枯レてしまった、そうである。

その原因は、その山に、タクサンの椿があったのは、その椿が、おなじ山に生エていた草や木の葉の枯れたのを、自然のコヤシにしたり、風や雨などによるキケンから、おなじ、山に生エテイタ草や、木によって、守ラレていたからで、あったらしい。

蛾や、〝椿〟の話で、オレがおもったことは、今の世の中で、イイコトばかりを考エル（追求する）よりも、小サナ、今（現実）のワルイコト（矛盾）を、スコシでも、ナクスコトが、タイセツなこと、ではないか……と、おもった。

私たちが、落語の中にでてくる与太郎の、愚かな行為を笑うことができるのは、私たちの心の中にも与太郎的な愚かさが、どこかに、潜在しているからではないだろうか……。

Ⅲ 声のない座談会

施設生活をふりかえって

この座談会は、共通の生活体験を持つ若者たちの、あまり例のない〝座談会〟である。

若者たちの共通な生活体験といっても、それは若者たちの意思による生活体験ではなくて、精神薄弱児・収容施設に収容されていたという、『体験を、させられてしまった』と説明したほうが正しいような、若者たちの生活体験である。精神薄弱という条件によって自己主張の術を持たないゆえに、若

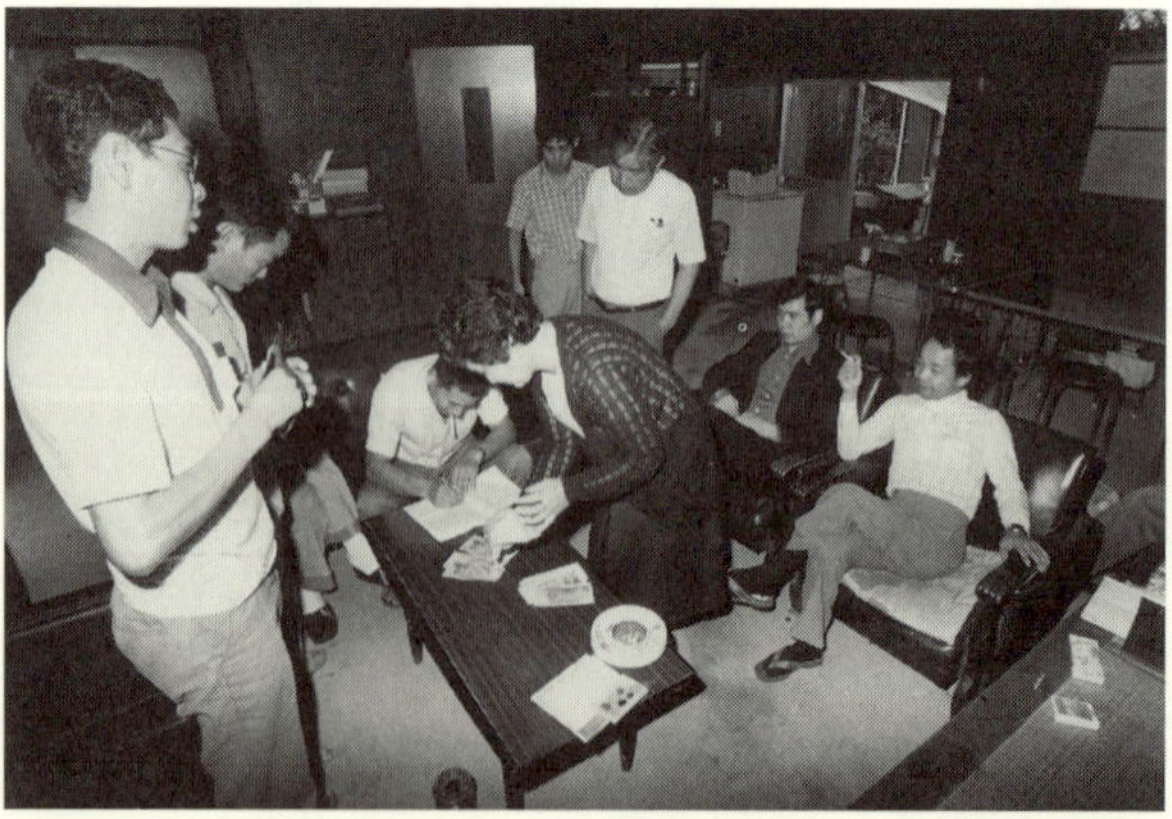

日曜日外出前の小遣い帳の記帳

者たちの胸の奥に秘められてしまっていた彼らの具体的な生活体験を、また、そうした生活体験の中にあるさまざまな問題を、一人でも多くの人たちに知ってもらうことを目的として、この〝座談会〟を公開したいと思う。座談会の司会をする私は、出席者である若者たちを十三年前に精神薄弱児・収容施設から引き取り、一般社会の中で、〝はちのす寮〟という場で彼らとともに共同生活を営んでいる者である。

この座談会で彼らが語る内容は、意思表示のできにくい彼らが、精神薄弱児・収容施設といういわば与えられた日常生活環境から離れて、いい意味でも悪い意味でも一方的な束縛からすこしは解放された〝はちのす寮〟という生活環境の中で、彼らの過去の生活の中にあったさまざまな問題を、肌で語るような言葉で語ったものである。

だから私は、精神薄弱という条件を持つ彼らに対して一切同情的な感傷を持たずに、彼ら自身の過去の生活体験と、その事実に対する彼らの真実の声を、できるかぎり正確に人びとに伝えることを自らの責任として、この〝声のない座談会〟を進行させてゆこうと思う。

司会　まず最初に、この中では一人だけ、いまは〝はちのす寮〟を離れて、自分で生活をしているAから、自分の過去の生活の中にあった収容施設生活をふりかえってみて、感じたことを話してもらおうか。

A　そうですね。最初から結論的になりますが。私を含めてここに出席している者のほとんどが、もの心のつく前の幼児期から施設生活をし、施設に働いておられる先生方にお世話になって育ってきたのだから、そうした面では、今でも、〝かかわり〟のあった先生方には感謝しています。ただ、ハッキリと言って施設では、私を〝一人の人として、見てくれなかった〟ということが、わたしの人生で、今でも、大きな負担となっています。これは、私だけではなくて、他の者にも、大なり小なり同じことが言えると思います。

司会　〝一人の人として、見てくれなかった〟ことが、今でも大きな負担となっているということを、もうすこし具体的に話してみてくれないか。

A　私は、中学卒業年齢で施設を出てから、おじさん（司会者）の所（はちのす寮）で十年間生活しました。その間働きながら勉強をし、中学卒業資格の認定を受け、通信高校も卒業することができました。そしてその間に働いてためた金を使って、〝はちのす寮〟を離れて、全日制の各種専門学校で、〝テレビ工学〟を専攻し、いま現在、学校を卒業をして就職する時点に来ているのだけど。

現実には、一緒に各種専門学校を卒業した仲間たちとは、年齢的に十年の差がある。だからせっかく、自分の意思で選択したものを目的として学び、自分なりに努力してきたつもりでも、その十年の差があるため、企業側の採用対象となりにくく、自分の目的のためのこれまでの努力が、自分の職業と結びつかないという、実情にあります。

現在の私に大きな負担となっている、その〝十年の差〟が生まれたのは、私が施設に収容されていた間の教育が、施設に収容されている者全体を対象とした精神薄弱児教育であったために、中学年齢でも、小学校の低学年程度の内容の教育しか受けることができなかったからだと思います。

施設に収容されていたとき、私は〝精神薄弱児・収容施設に収容されている、精神薄弱児のうちの一人〟としか見られてなかったと思うんです。〝一人の人として、見てくれなかった〟というのは、そういう意味なんです。私と教育という事実はただ単に一例にすぎないのであって、他の者の一人ひとりにも、いろいろな面で共通したものだと思います。

司会　そうだな。特にAの場合は、精神薄弱児を対象とした施設では、特殊なケースであったと思うが、特殊なケースだから、犠牲になっても仕方がないという考え方は間違っているし。

Aのいた施設の先生からこんな話を聞いたことがあるよ。Aはその施設には適していないということが、先生方の間で再々と問題になり、検討されたことがあるそうだ。

しかし、別の施設へ変わらせるという決定をする責任者の問題と、行政事務手続きの複雑さなどから躊躇されたようだ。また、Aの環境変化に対する順応性も、先生方が心情的に配慮されていたようだった。こんなことが、Aを別な生活環境の収容施設へ変わらせることを決定する上で問題となり、そのままにしていたというようなことであった。

いずれにしても、Aの言うように〝一人の人として、見てくれなかった〟という言葉が、施設という形態の欠陥を、明確に指摘していると思う。どうしてそうした結論が出るかという意味でも、みんなのいろいろな施設生活体験の事例を出して、話を進めてゆきたい。

うれしかった入院

さいわいと言っては変だが、Aはみんなと同じ生活体験を持っているのだから、この座談会で、みんなのための助言者として、みんなの不十分な表現力を、補ってもらおうか。

みんな、施設での生活をふり返ってみて、いちばん楽しかったとか、うれしかったとか、おもしろかった、というようなことを思い出して、話してみてくれないか。

D オレ、お正月に、シセツから、ウチへかえるときが、うれしかったな。

E オレモ、ウチカエルトキ、ヨカッタ。

C　オレは、Hといっしょに、シセツからダッソウ（脱走）をして、道におちていたアキカンをひろったら、その中に五十円玉が一パイはいっていて、それを、Hと二人で山の中にかくしておいて、ときどき二人でダッソウをして、その金を使っていたことが、楽しかったな。

H　ウン、オレもあのときが、イチバンウレシカッタな。

I　オレも、よくダッソウをしたな。いちど、ダッソウして、かえれなくなって、しらないウチでネテ（泊めてもらって）、ソコのおばさんに、シンセツにしてもらって、チャワンで、メシクッタコトがウレシカッタよ。

B　オレは、セキリ（赤痢）で、ビョウインへニュウインをしたときが、いちばん、うれしかったよ。

司会　DやEのように、自分の家へ帰るのが楽しかったり、CやHやIのように、施設から脱走をして、楽しいことがあったというのは、わからないでもないが。B、オマエの、入院をしたことが、楽しかったというのは、どういうことなんだ。

B　うん、ビョウインへニュウインをすると、白いフクをキた、カンゴフサンが、シンセツにセワをして、くれるから。

司会　いくら、看護婦さんが親切であっても、病気で入院することが楽しい……というのは、わからないな。

A　それは、わからないことでしょうね。だが私もBと同じ体験をして、やはり、Bと同じように入院したことによって、うれしさを感じました。

当時は、時代的にも施設の生活環境条件が悪くて、施設生活のすべての面で、本当に、収容されているという言葉がピッタリとするような生活状態でした。

毎年、施設に赤痢が発生して、施設に収容されていた者のほとんどが、病院へ隔離されていたんです。

誰もが、退院してくると、病院で、真白なシーツの敷いてあるベッドで寝たことや、看護婦さんに親切にされたり、病院での食事がおいしかったことなどを、自慢そうに話していたのです。

F　オレが、イチバン、タクサン、ビョウインへ、イッタ（入院した）な。かえってきて、またいって。かえってきて、またいったな。

A　赤痢といっても毎年のことで、ほとんどの者は保菌者というだけで自覚症状もなかったのですから。入院できた者がトクをしたというような、入院をする者に対する〝ねたみ〟のようなものを、みんなが持っていたようでした。

入院を〝ねたむ〟といえば、こんなこともありました。

ほとんどの者が、赤痢で入院をするのに、Dだけが、一度も赤痢にかからないのです。Dは、他の者から、入院したときの話を聞くので、自分もなんとかして一度でいいから入院したいと思って、施設で禁止されていた生水をガブガブと飲むばかりか、赤痢にかかりたい一心で、下水溝の水まで手ですくって飲んだんです。だけどDは、どうしても赤痢にはならなかった。これは本当の話ですよ。（笑）

司会　Dなどは、日頃の生活態度などから見れば、誰よりも、いちばん赤痢にかかりやすいタイプだがな。

Dは、赤痢菌にまでもみはなされたということかな。（笑）そういえばDは、そんなタイプかもしれないな。（笑）

なんだか、みんなの話では、楽しかったりうれしかったというような話は、施設から離れたときのことが多いようだな。

A　そうですね、私の場合もそうです。

私は、施設の先生方の宿舎で、個人的に勉強をみてもらったりしたことが、施設生活の中で印象に残っている、楽しかったことです。

司会　みんなの話では、施設での生活が、集団的で単調であり、個人的な変化のあることに、喜びや楽しみを求めていたように思えるな。
みんなが施設で生活をしていたのは、もう十三年も前のことだから、その間に施設もだいぶ変わったはずだ。JとKは、三年前まで施設にいたのだから最近の様子がわかるだろう。施設の生活で、どんなことが楽しかったかな。
K　オレ、タンジョウカイ（誕生会）よ。
J　オレは、たんじょうかいよりも、先生につれられて、シセツのそとへ、かいものにゆくときが、うれしかったな。
司会　そうか。Jは、他の者と同じように施設の外のことのようだが、Kは、施設の中での生活に楽しみがあったようだな。
では、Gはどうかな。Gは、まだ施設があまりない、戦後間もない、もう三十年ほど前の施設生活を体験しているのだが。その頃の施設の生活で、楽しかったことは、どんなことだったかな。
G　うん、もうムカシのことで、あまり、おぼえてないな。
いちばんおぼえていることは、あまりタベモノがなくて、オレたちと先生たちは、いっしょになって、ハタケでイモやカボチャをつくったり、山やノハラで、タベレルクサなどをアツメタことだな。

イモのクキも、カボチャのクキも、先生たちとイッショにカワをムイテ、オカズにしてたべたこともあったよ。

司会 食べ物が不足して困っていたことは、決して楽しいことではなかったろうが。施設に収容されている者と施設の職員が、共に食糧とする農作物をつくったり、共に山菜や野草などを摘み取ったりしたことが、（過去のことであるために、ハッキリと言葉として表現することはできないかもしれないが）Gの過去の施設体験の中で、本当の意味での〝楽しさ〟のようなものであったのではないかと思うよ。現在の施設では、先生と子どもたちが本当に一緒になって、何かをすることがないからな。

では、施設での生活で、困ったり、悲しかったり、嫌だったりしたことを、みんな、一人ずつ、話してくれないか。

H オれたちは、Gのように、イモやカボチャのクキはたべなかったが、イモのゾースイや、スイトンはたべたぞ。

それでも、いつも、ハラがヘッテいたな。

G　オレは、先生たちと、ヘビ（蛇）のカヤクメシ（五目飯）も、たべたぞ。

全員　ヘビを夕ベタ……？

司会　その頃には、本当にヘビを食べたかもしれないが、Gの、いつもの、大げさな話かもしれないな。（笑）

さびしい面会日

I　オレは、シセツのメンカイ（面会）の日に、みんながオットウやオッカアと、メンカイしているときは、サビシかったな。

全員　……。

司会　そうだろうな。Iだけでなく、みんなの中でDとEの他は、両親・家族がないのだから、そんなときは、きっと、淋しい思いをしただろうな。

でも、Cのように両親がいても、施設には面会に行かなかったし。Cが〝はちのす寮〟へ来てからでも、Cが働いて貯金が少しでもたまると、なんだかんだと言って、Cの貯金を当てにして、金を取りに来るだけの親では……。

Cは、施設の面会日に他の者たちが親に会っていても、そんなにうらやましく思わなかったのではないのか。

いつだったか、みんなCに言っていたろ。「C。おまえは親がいるから、せっかく働いてためた貯金を、親に持って行ってしまわれるからきのどくだな」と。（笑）

C　でも、オレ、シセツのメンカイビに、みんなが、オヤとメンカイしているときは、サビシイとおもったよ。

司会　……。

A　Cの言うのは、本当だと思うね。CやD・E以外の者は、私と同じように、全然親を知らないのだから、施設での面会日に面会をしている親子の姿を見て、たしかにうらやましく思うのだけど、親に対する懐しさのようなものが漠然としているので、さほどでもない。
実際に親がいるCやD・Eにしてみれば、自分の親がどうあろうと、面会日に見る親子の姿から、自分の親に対するいい面ばかりを、身近なものとして思い出すのではないでしょうか。

施設での面会日に、本当にしょんぼりとしていたのは、親のいない者ではなくて、親がいても、面会に来てくれない者のようでしたね。

司会　そうかな。それでも、いつだったか……。
Hが好奇心から買って来たウィスキーをラッパ呑みしてしまって、泥酔というより、苦しみで意識をなくしたような状態になってしまったとき、Hは苦しみを訴えるような叫び声を出して、「オッカア、オッカア」とわめき散らしたことがあったな。

Hが母親と別れたのは、二歳のときで、ぜんぜん記憶がないはずだし、H自身も常に、オレはぜんぜん記憶がないと言っているばかりか、他の者と違って「親がいたらな」とか、「オレの親は、どんな親だったろうな」などと口にしたことがなかったのに……。

ウィスキーを呑んで、まったく意識がないような状態のときに、母親を呼び叫んだということは……。

Aの言うように、〝施設で面会日に面会している親子の姿〟を見て、両親のいない者がさほど、妬みのようなものを感じなかったのではなくて、むしろ妬みを感じたことを表現することすら、体験的に知らないということではないだろうか。

A ……。

家庭的な施設へ

司会　まあ、親がいなかったことで、施設の生活で淋しい思いをしたことは、たいへんなことだったと思うが。でも、みんな、ここにいる者はほとんどが親がいないのだから。そのことは別に、施設にいて困ったり悲しかったり、嫌だったことを、もうすこし話してくれるか。

D　ココ（はちのす寮）は、オレやCやEのようにウチがあるモノを、ノケモノにするものな。

C　そうだ、お正月などに「おまえたちは、ウチへかえれよ」と、みんなで、オレたちに、イヤミをいうものな。（笑）

C　オレも、なんとか、はやく、ウチがなくなるといいな……。みんなとおなじになるから。

司会　バカ、C。そんなことを言うんじゃないよ。

たしかに、おまえの家庭にも問題が無いとは言えないが、いちばん問題なのは、おまえが〝ワル〟だからだぞ。自分でも家にいた頃のことを思いだしてみれば、よくわかるだろ。

C　……ウン。

施設でイヤだったこと

司会 そんなことよりも、おまえは、施設でも始末の悪い方だったろうから、なにか、あるだろう……。

C オレ、シセツの先生が、オレのモチモノをケンサして、「こんなくだらない物ばかりを集めて、どうするんだ」といって、オレのモノをとりあげて、ステてしまうのが、イヤだったな。

司会 Cは、使えなくなった電池だとか、捨ててある空箱のような、くだらない品物を集める癖があるからな。

B オレは、一人の先生が「こうしなさい」というので、それをしていると、ベツの先生が「そんなことは、しなくてもいい」というので、どうしていいのかわからなくて、こまったことが、よくあったな。

F オレ、ジブンで、ビョウキだオモッテ、センセイにいっても、クスリくれないし、オレ、ビョウキないとオモッテも、センセイが「オマエハ、ネツがアルカラ、クスリヲノンデ、ネテイロ」と、いうことがあって、イヤだったな。

D オレは、シセツで、サギョウクンレン（作業訓練）をするときに、ジブンは、もっとムツカシイことをしたいといっても、先生たちは「おまえには無理だから、簡単な作業をしていればいい」といって、ソウダン（相談）をしてくれなかったので、イヤだった。

J　オレは、シセツへイモンにくる人たちと、ジブンはあまりすきでないのに、ゲームをさせられたり、ウタをウタわされたりするのが、イヤだったな。

それに、イモンにきた人たちに、ひとりひとり「アリガトウ」といって、おみやげのオカシなどをモラウのも、あまりすきではなかったな。

A　私も、Jと同じような思いをしたことがあります。

そうした思いをするのは、精神薄弱児収容施設に収容されている者の中で少数の者で、ほとんどの者は、ボランティア活動として施設を訪ねて来る人たちとの、そうした〝ふれあい〟を、楽しく思うのですが。

特に私は、施設へ見学に来た大勢の人たちが、ガヤガヤ言いながら施設の食堂へ入って来て、私たちの食事をしている様子を見ている中で、自分が食事をしているとき、子ども心にも、自分がみじめに思えてなりませんでした。

Cの、集めている品物の場合でも、常識的にはくだらない品物ですが、本人にしてみれば大切な品物ですし、Dの場合でも、施設の先生方の、Dの作業能力に対する判断は、正しいものであったとしても、Dの高度な作業訓練に対する意欲のようなものを、反面で無視している面があると思います。
こうしたことの中にも、私が最初に言った〝一人の人として、見てくれなかった〟という意味のことが、明確に表われていると思いますが。
E オレ、シセツ、サムカッタ、イヤダナ。
ヨル、ベンジョ、イクノイヤデ、オレ、フトンノナカ、ションベン、ジブンデ（わざと）シタコト、アルヨ。
B そういえば、オレも、いちどだけあったよ。
みんなも、ときどきしていたよな。ほんとうに、さむかったものな。
マドのガラスはワレテいたままだったし、カベにはアナも、あいていたよな。
ヨルは、ミンナが、そのカベのアナから、ションベンをしていたな。（笑）
K シセツ、サムクナイぞ。ダンボーモ、アルゾ。シセツ、ナツハ、スズシイゾ。
B Kのいたシセツは、ホテルみたいだな。（笑）K。それは、ホントウか。（笑）そんなにいいシセツなら、Kは、シセツに、いつまでもいたほうがいいことないか。
K ウン。オレ、ドチラデモイイヨ。
司会 B。Kの言っているのは本当だよ。壁の穴から、夜中にションベンをしていた施設にいたみんなには、冷暖房の完備されている今の施設は、想像できないだろうな。だが、今はKの言うような施設が多くなったよ。

三十年前の、Gが施設の先生と共に自分たちの食糧を自給自足するのに苦労していた当時の施設の姿と、現在の冷暖房設備までも完備された施設を比べると、いい意味でも悪い意味でも、施設の中には、収容されている者と収容する者というような、管理体制が確立されてきたような気がするなあ。

フツウのウチのように

それでは、施設の生活が、こんなふうだったらいいなと思うことがあったら、どんなことでもいいから、聞かせてくれないか。
I オレ、シセツが、フツウのウチみたいに、小さいウチのほうがいいとおもうな。
B オレは、赤んぼうのときから、シセツにいたので、シセツを四かいもかわったので、ズーッとおなじシセツにいられると、いいとおもうな。
そうすると、オレのようにウチ（家庭）のないものでも、シセツが、ジブンのウチのような気がするかもしれないからな。

H　シセツは、コドモとセンセイだけだから、センセイでないヒトも、イッショにいることができるといいな。

C　シセツは、オレタチには、まいにちまいにち、セイカツするトコロだけど、シセツの先生たちには、シセツが、シゴトをするトコロだから。オレタチと先生たちは、ベツなセイカツをしていることになる。

先生たちも、オレたちも、おなじシセツにいるのだから、オレタチは、先生にミラレテ（管理されて）、セイカツをするのではなくて、先生たちといっしょにセイカツができるような、カンケイになると、いいとおもう。

J　オレは、ウチがないのでシセツへ入れられたので。オレは、シセツよりも、ウチとおなじようなカンジのシセツのほうがいいな。

E　オレ、ウチアッテモ、シセツへ、イレラレタヨ。オレのウチ。オットウダケデ、ビンボウダケド。ウチノホウガ、イイナ。

司会　E、おまえが家庭へ帰ると、おまえのオヤジまでが生活に困ることになってしまう事情があるから、仕方がないよ。

おまえがりっぱな人になったら。そのうちに、おまえのオヤジが、おまえを迎えに来るかもしれないよ。

E　ウン。シカタガナイナ。

司会　K。おまえは、なにも言わないが、どうだ。

K　ウン、オレ、シセツガイイナ。

シセツハ、シゴト、シナクテモイイシ、アソンデモイテモ、イイヨ。オレ、シセツガイイナ。

司会　K。おまえは、もうすぐ大人になるから、施設で遊んでいてはおかしいぞ。

K　ウン。ソレナラ、オレ、シセツハンブン（半分）ダケ、スキダヨ。（笑）

司会　Kは、まだ十七歳だし、施設から〝はちのす寮〟へ来て、まだ二年にもなっていないのだから、施設での生活が恋しいのも、無理はないだろうな。

それに、今の施設には、BやFが赤痢で入院したとき病院にいた看護婦さんのような、若い女の先生も、たくさんいるからな。

K　オレ、オンナノセンセイハンブン（半分）スキデ、オトコノセンセイモ、ハンブン（半分）スキヨ。

B　K、オトコのセンセイもスキだなんて、そんなにムリしなくてもいいよ。（笑）

司会　それはそうとして。こんどは、Kの言う施設でない方の〝半分〟。あまりKが好きではなさそうな〝はちのす寮〟での生活について話し合ってみよう。

オレたちはソンだ

D オレ、シゴトスキデ、イッショウケンメイニ、シゴトスルガ、キューリョウ、スコシダケデ、オモシロクナイナ。

司会 そうだな。Dは本当に仕事が好きで、病気のときに仕事を休ませると、ベソをかいて泣くほどだものな。だけど、Dは簡単な仕事しかできないし、荒っぽくて注意が足りないから、品物を壊すことが多いだろう。だから会社の方でも困るし、給料が安いのかもしれないな。それでも、Dの精いっぱいの努力を、なんとかDの納得がゆくやり方で（行政的な方法で）認めてくれるといいな。

J オレたちは、いくらイッショウケンメイにはたらいても、キュウリョウがすくないよな。それでも、からだのふじゆうな人たちの中には、オレたちよりもキュウリョウをたくさんとっていても、そのほかに、イロイロ（障害者年金など）なトクニナルコト（社会保障制度の適用）があるものな。

オレたちは、ホントウに、ソンだよな。

E オレ、モノガイエテモムツカシイコト（十分な会話）デキナイモノナ。

F オレモ、メガミエテモ、ジ（字）、ヨメナイシ。ミミ、キコエテモ、ムツカシイコト、ワカラナイヨ。

K オレデモ、テ（手）、ウゴイテモ、ムツカシイコト、デキナイシ。アシ、アルクコトデキテモ、ジブンデ、ユキタイトオモウトコロへ、ヒトリデ、ユケナイヨ。

E オレタチ、カラダノワルイヒト（身体障害者）ヨリ、ソンダナ。

司会 そうだな。本当に精神薄弱という条件を持つ者は、社会に対する自己主張がないから、現在の社会福祉施策の盲点に立たされている、ということができるだろうな。

B オレは、みんなとちがって、どうにかフツウノヒトとおなじようなセイカツをすることができるので、Eや、FやKとイッショノセイカツ（共同生活）をしていると、ホカノヒトから、オレも、Eや、FやKと、おなじように見られるから、それがいやだな。

司会 B。おまえは、Eたちが自分よりも知能が低いから、Eたちと一緒に生活をしているために、Eたちと同じように見られるのが、いやだと言うのか。

B ウン。そうだよ。

司会 おまえたちが、自分よりも頭の悪い、Eたちを差別すれば、おまえたちも、自分たちよりも頭の良い者から、差別されることになるのだぞ。

B ウン……。それでも、オレは、Eたちとおなじように、人からみられるのは、いやだな。

A 私は、Bの気持ちがよくわかります。正直に言って、私も〝はちのす寮〟で生活をしていたときには、Bと同じような気持ちを持つことがありました。

おじさんの言われるように、たしかに、差別意識のようなものを持つことはいけないことだというのはわかるのですが、現実に社会の中で日常生活を営んでゆく中には、避けられない事実として、差別されることがあるのです。

そうした差別という問題の中でも、差別をする側にある人には想像もできないほど、差別をされる側にある者は、つらいものです。

それは、そうした側に実際に立った者でしかわからないものです。

現に私も、〝はちのす寮〟で生活をしていたときには（その時点での私の生活には、〝はちのす寮〟が必要なものでは、あったのですが）、やはり、〝はちのす寮〟が精神薄弱という条件を持つ者の集団であるという事実に対する、対外的なものから受ける〝目〟のようなものが、大きな負担となるのを感じました。

〝はちのす寮〟を離れた現在の私は、おじさんとの関係が、完全な個人的な関係ですから、自分が困ったり、自分の判断だけでは解決のできにくい問題があるときにだけ相談にのってもらえるという、私には束縛がなくて都合のいい関係です。

Bの求めているものも、そうした私のような、おじさんや〝はちのす寮〟との関係ではないでしょうか。


司会　うん。Aの言うこともよくわかるし、Bも、そうしたことを望んでいると思う。だがそれだからといって、BがAとまったく同じような〝はちのす寮〟との関係だけで、自分の力で生活ができるかどうかは疑問だし、〝はちのす寮〟の寮生のみんなが、十人が十人、それぞれに、能力や判断力が違うのだから、むつかしい問題だと思うよ。

結局は、〝はちのす寮〟が集団であることの必要悪のようなもので、集団であることに対して、常に考えてゆかなければならない問題だろうな。

Bが、「EやFやKと、おなじように見られるのがいやだ」と言うのは、B自身の差別意識ではなくて、EやFやKにBも含めて、精神薄弱という条件を持つ者に対する一般的な差別意識で見られることに対して、Bの逃れたいという気持ちが強いということだろうな。そうだろ。B。

B オレ、そんなむつかしいこと、わからないよ。

司会 それなら、〝はちのす寮〟にいることが嫌なのか。

B そうではないよ。オレは、〝はちのす寮〟が、EやFやKたちがいなくて、オレや、AやCやJたちだけなら、いいと思う。

F オレ、Bがイチバン、キライヨ。オジサンモ、ハチノスリョーモ、アマリ、スキナイヨ（好きではないよ）。

おじさん早く死ぬといいな

司会 ハハハ。BがFを嫌えば、FもBを嫌うわけだよな。差別意識の問題は別として、もうすこし、みんなの、不平や不満を聞いてみようか。

H オレ、おじさんが、はやくシヌといいな。（笑）

司会 H。どうして、おじさんが死んだらいいのだ。

H ウン、おじさんがシヌと、オレたち、シゴトやすんでも、シカラレないし、ジブンのキユウリョウを、ゼンブ、ジブンで、コズカイにして、アソベルからな。

司会 バカ。Hの考えることは、そんなことだよ。仕事をせずに、給料だけが職場からもらえると思うのか。

それよりも、おまえが早く死ねよ。

そしたら、おまえの貯金を全部おろしてきて、みんなでご馳走をたらふく食べて、おまえの葬式をしてやるからな。アハハハ。

全員 ソウダ、ソウダ。（笑）

H そのときは、オレ、ゴチソウくえないのか……。（笑）

G 〝はちのす寮〟は、ウチ（建物）ボッコだし、メシまずいし、フロ（風呂）ちいさいし、おじさん、オレたちに、いつもブツブツ、モンクいうし、いいことないな。（笑）

B それでも、オレたち、〝はちのす寮〟がなかったら、どうなっているか、わからないぞ。

司会 B。おまえ、いいことを言ってくれるじゃないか。ハハハ、さっきのお返しのつもりか。アハハハ。

B ちがうよ、おじさん。オレたちは、〝はちのす寮〟がなかったら、もっといいセイカツができたかもしれない、ということだぞ。（笑）

司会　……。

I　オレ、Bとコーカンだよ。

司会　I。コーカンて、なんのことだ。

I　オレ、Bとオナジに、カンガエルことだよ。

司会　バカ。それは同感（ドウカン）だよ、I。コーカンは、〝チリ紙交換〟の交換（コーカン）で、Bとおまえが、ものをとりかえっこしたり、いろいろなことを、かわったりすることだよ。あまり、むつかしい言葉を使わない方がいいぞ。（笑）

I　コーカンは、オレとBが、ナンデモ、カエッコすることか。ナーンダ、そうか。（笑）

うそつきはダレか？

司会　おまえたちは、言いたい放題なことを言ったのだから。こんどは、おじさんが、おまえたちと十三年間も一緒に暮らしてきて、いまだにわからないことを、聞くことにする。

全員　……。

司会　みんな同じように言えることだけど、みんな、嘘を言うことが多いと思う。どうしてだ。それも、完全に人を騙すような嘘ではなくて、嘘だということが、すぐにわかるような嘘を言うように思うんだが。

F　オレ。ウソ、ツカナイヨ。

司会　いつだったか、FとGとDとが、街へ遊びに出かけて、三人が一緒に帰って来たことがあっただろう。あのとき、一人ずつ別に、どうやって帰って来たのかと聞いたら、Fは「街から歩いて来た」と言ったし、Gは「バスに乗って来た」と言ったし、Dは「知っている人に会って、自動車で送ってもらった」と、言ったことがあったよな。

それでも三人は、「三人で一緒に帰って来た」と言っていたけど。

あのときは、本当はどうだったのか、もう一度、教えてくれないか。

D・F・G　……。

F　オレ、ウソ、イワナイヨ。

オレハ、おじさんが「あるいて帰ってきたのか」と、キイタノデ、「ウン」と、イッタダケヨ。

司会　では、Gはどうだ。

G オレ、おじさんが、いつも「あるいてくると、交通事故にあうといけないから、あるいてかえるよりも、できるだけバスにのってこい」と、いっているから、「バスにのってきた」と、いっただけだよ。

それに、ホントウに、バスにのってきたのだから。

司会 では、Dは、どうなのだ。

D オレは、シッテイルヒトに、ジドウシャで、おくってもらったよ。

FもGも、イッショだったよ。おじさんウソじゃないよ。

司会 ……どうなっているんだ。Fは歩いて、Gはバスに乗って、Dは、知っている人に自動車で送ってもらって。それで、三人が一緒に帰って来たと言うし、三人とも、自分の言っていることは、嘘ではないと、言うのは……。

種明かし

D オレたち、ひとりも、ウソをいっていないよ。

ホントウのことは、三人で、マチからあるいてカエッテきたら、トチュウで、オレのシッテイルヒトが、ジドウシャにのってきて、オレたちを、「バス停まで乗せていってやる」といって、ジドウシャで、バステイまで、オクッテくれたよ。

それからオレたちは、バスにノッテかえってきたよ。

司会　なんだ。それだったら、そのように最初から言えばいいじゃないか。

そうすると、Fは、おじさんが「歩いて来たのか」と、きめつけるようにして聞いたので、「ウン」と、答えたのか。

Gは、おじさんがいつも、街から帰るときは、交通事故にあうといけないから、バスに乗って来るように言っているので、バスに乗って来たことだけを、答えたのだな。

Dは、それぐらいのことは、聞かれれば、答えることができるのに、どうして、知っている人に自動車に乗せてもらったことだけを答えたのだ。
D　オレは、マチから、バスにのってきたり、アルイテきたことなどは、あまりオモシロクないことだが、シッテイルヒトに、ジドウシャにのせてもらったことは、ウレシかったので、そのコトだけを、おじさんに、ハナシタだけのことだよ。
C　おじさん。そんなこと、どちらでもいいよ。（笑）
司会　C。どちらでもいいということはないぞ。おまえなどは、特に嘘をつく方じゃないか。ありもしないことを、さも、あったように話すし、少しのことを、大げさにして話すし。Cは、

〝嘘つき〟というよりは、〝おおホラふき〟といった方が、いいかもしれないな。（笑）

C　おじさん。オレたちが、どうしてウソをつくのか、オシエテあげようか。

司会　どうしてだ。

C　Ｆのように、人からきかれたことを、ウマク、セツメイができないときには、セツメイするのがセワだから、なんでもいいから、ただ「ウン、ウン」と、ヘンジをするのだよ。

まちがったことでも、「ウン、ウン」と、ヘンジをするので、ウソをついているように、人からおもわれるかもしれないが、ホントウは、ウソをいっているのではなくて、うまく、ヘンジができないだけのことだよ。

それから、オレのように、スコシのことを、オオゲサにいったり、ありもしないことを、あったようにいうのは、オレたちでも、なにか、人にミトメテモライタイという、キモチがあるから、そのキモチを、人につたえるのには、ウソをいうのが、いちばんカンタンなホウホウだからだよ。

だから、オレたちは、ウソをいうのではなくて、ウソをツカウだけのことだよ。

司会　そうか。おまえたちは、嘘を言うのではなくて、誰にでもある自己主張の方法として、嘘を使っているのだな。

全員　そうだよ、そうだよ。

おじさんのききたいこと

司会　では次に。おまえたちは、女の子を、ものすごくかわいがるが、それはどうしてかな。

B　……。

K　オレ。オンナノコ、スキヨ。

司会　Kは、どうして、女の子が好きなのだ。

K　オレ、シラン。ケド、オンナノコ、スキヨ。

司会　みんなは、どうだ。

全員　……。

司会　それでは、おじさんと、おばさん（司会者の妻）と、どちらが好きだ。

E　オレ。オバサン、ヨ。

H　アタリマエだよな、おじさんはオトコだから、あまりヤサシクないし、おばさんは、オンナだから、ヤサシイものな。

司会　だからいつも、ＥやＨは、おばさんの手伝いは進んでするが、おじさんの手伝いは、仕方なしにするのだな。

おじさんよりも、おばさんが好きだということは、男の子よりも、女の子の方が、好きだということだな。

そうすると、みんなは、女の人が好きだな。

全員　……。

司会　どうなんだ。

F　オレ、スキヨ、オンナ。

D　オレもスキだ。オンナ、ヤサシイものな。

なぜ女の子か

司会　では、どうして、大人の女の人よりも、小さい女の子が好きなのだ。

J　オレたちは、オトナの女の人と、あまり、うまくハナシができないし、オトナの女の人は、オレたちをヘンにオモウからな。

オンナノコ（幼児）は、オレたちが、シンセツにすると、ヨロコブから、オレたちは、オトナの女の人よりも、オンナノコのほうがスキだよ。

I　それでも、オレたちが、オンナノコをカワイガルと、そのことを、オトナの人たちが、ヘンに、おもうかもしれないぞ。

司会　そうだな、精神薄弱という条件を持つ者の、本当の姿を知らない人たちから見れば、みんなが、小さい女の子をかわいがることを、変に思うかもしれないな。

はちのすの旅行から

だが、Gのように、自分が四十歳を過ぎても、いつも、「オトナは」とか、「オトナが」などと言って、自分を、子どもと同じに考えている様子を知ることができれば、みんなが、小さい女の子をかわいがることが、わかるのだがな。

全員　……。

司会　ただ、みんなが、女の人に関心を持つことは、自然であたりまえのことだけど、そうした気持ちを持っていることを表わす方法が、あまり上手ではないから、どうしても変な意味に誤解されやすいだろな。

特に、Gのように、女の人の下着などを、かっぱらったりしたら、いくらみんなが、いろいろなことを表わす能力に欠けているといっても、よほどの人でないと、理解をしてくれないだろうな。（笑）

G　オレ、あれは、チョット、ヨッパラッテいたからだよ。オレ、もう、そんなことはしないよ。（笑）

G　ホントウだよ。オレ、もう、そんなことはしないぞ。（笑）

司会　わかったよ、G。（笑）

G　……。

連鎖反応式買い物のからくり

司会　もう一つだけ、みんなに聞きたいんだ。これまでに、誰か一人が何かを買うと、次々とそれと同じ品物を、みんなが同じように買うのは、〝人が持っている品物は、自分も持っていたい〟という意味ではわかるんだけど。

その買った品物をどうやって使うかとか、せっかく買った品物を、全然使わずにしまってしまうのが、わからないんだ。

Iは、せっかく、買ったカメラを「写すのがもったいない」と言って、しまい込んでしまったが、いつになったらあのカメラを使うんだ。

I　おじさん、買ったら、カメラ、つかわなければいけないか。

司会　使うために買ったのだろ。

I　ちがうよ、ホシかったからだよ。ジブンのモノでも、ジブンが、つかいたくなくても、つかわなくては、いけないのか。

司会　わかったよ、I……。おまえのカメラだから、おまえのいいようにすればいいよ……。

（笑）

司会　そうすると、EやFやKなどの時計も別に時間を読むことができなくても、時計が欲しかったら、買って持っているのだ、ということか……。

C　おじさん。EやFやKのトケイは、まだホカに、ヤクにたっているよ。

司会　どうしてだ。

C　おじさんが、ドコカへ、ヨウジがあって、でかけるときに、いつも、EやFやKのトケイをカリてゆくよ。

司会　……。(笑)

Bは、人に自分の持ち物を貸すことはしないからな。

自分の持ち物といえば、みんなは、一緒に生活をしていて、一つの品物をみんなで使いあうということがないなあ。

たとえば、同じ歌手の歌っている、同じ曲のレコードを、二人で一緒に買いに行って、一人ひとりが、その同じレコードを一枚ずつ買ってきたり、ラジオを聞く場合でも、同じ部屋に一緒にいて、同じラジオ局の同じ番組を、各自が各自のラジオを使って聞いていたりするのは、どうしてなのか。

全員　……。

A　おじさん。それは、別に変なことでも、なんでもないことですよ。

みんなが、同じ条件を持っているので、同じような品物を好んだり、同じような行為をするだけですよ。

みんなが同じような品物を買ったり、同じような行為をすることが変だと思えるのは、同じ条件を持つ者ばかりが同じ場所で生活をしているので、みんなが、同じようなことをしているように見えて、それを、変に思うだけのことですよ。

みんなの、一人ひとりは、各自が、自分の好みの品物を買ったり、自分の好きな行為をしているだけのことですよ。

司会　そうか。そういえば、そうだろうな。

見る側で、変な行為だとか、愚かな行為だとか思うことは、行為をする者とは、まったく関係のない、見る側の者の主観によって、価値判断をしているわけだからな。

そのことが、精神薄弱という条件を持つ者と〝かかわり〟を持つためには、いちばん大切なことかもしれないな。

いや、精神薄弱という条件を持つ者だけに対するものではなくて、あらゆる人間関係の〝かかわり〟中でもっとも大切なことかもしれないな。

G　おじさん。オレたち、みんなで、なにをハナシタのだ。

J　オレたちのことを、たくさんの人に、シッテもらうためだよね。

D　オレタチノコト、シルト、ドウナルノダ。

H　その人たちが、リコウになるよな。

K　アタマワルイ、オレタチノコト、シルト、アタマイイヒト、リコウニ、ナルノカナ。

司会　きっと、そうだと思うよ。きっと。（笑）

個性豊かな彼ら

この座談会が、一貫性のない断片的なものとなってしまったのは、決して、この座談会に出席した者たちの内面にある自己主張が、断片的でとりとめのないものではなくて、司会者としての私が、そうした彼らの持っている自己主張を、完全に引き出すことが、できなかったためである。

その上、彼らを弁護することを目的とした私までが、一方的な感情主張となってしまって、この座談会の目的を失ってしまったように思う。

それを補足するために、もうひとこと付け加えておきたい。彼らとの十三年にわたる日常生活の中で実際に私が知っている彼らは、精神薄弱者ではなくて、精神薄弱という条件を持つ、一人ひとりの、Aであり、又、Bであるということである。

文中に、〝精神薄弱者〟と記せば済む個所を、必要以上に、〝精神薄弱という条件を持つ者〟と記したのは、それを表現したいと思ったからである。

おそらく、彼らが、人々に訴え叫びたいことも、自分たちは「精神薄弱という条件を持っていても、人として、一人ひとりの人である」と、いうことではないかと思う。

おわりに

この拙文拙著も、結局は「そうであるべきではないだろうか」「そうすべきだと思う」というような駄弁の列記で終わり、結論らしい結論のないままで終わってしまった。

〝精神薄弱〟という、一人の人の持つ条件を、〝精薄〟というように、一方的に、ごく安易に簡略するような図々しさに目覚めるということ。それほどに細かい気遣いをしてゆくことが、心身などに障害を持つ者と、持たない者の条件の違いから生ずる多くの矛盾を、少しでも解消してゆくための基としてゆかなければならないということに、尽きるのであると思った。

自分の考えの結論までも、ひとさまからの教えを引用させていただかなければまとめることもできない拙文である。単純な中傷や批判めいたことを記してしまったことを、皆さま方にご笑納いただけることをお願いして後記とさせていただきたい。

名古屋大学教授の村上英治先生は、かねてより「〝精神薄弱者〟という名称は、あまり適当な名称ではないと思う。彼らにもリッパな精神がある、その精神を薄弱であると断定するのはどうかと思う」と、たびたびおっしゃっておられた。私もまったくそのお説に同感である。最近は〝精神薄弱〟という名称に変わって〝知恵おくれ〟という言葉がよく使われるようになった。〝精神薄弱〟という名称に比べれば軟らかみのある言葉だと思う。しかし、広い意味での人間の知恵が、必ずしも彼らがそれに遅れているのかと言えば、そうとも言えないはずである。

私の私なりの彼らとの生活体験の中で、そうした彼らの状態を言葉として表現するなら〝思考純粋者〟とまで言えないにしても、〝思考淡白者〟とでも言うのが適切だと思う。淡白な思考による判断力を持つ彼らは、必ずしも聖人君子的な存在ではなく、また愚かでなんの価値もない存在でもないのである。すべての人びとと、まったく同じように……。

おれたちの生きざし

（一九八一年　初刊）

●精神薄弱者たちの明日

はじめに

「人間の生きていくありさまを言い表わすのに、〝生きざま〟という言葉を通常耳にする。しかし、〝悪しざま〟とか〝死にざま〟とか言われるように〝ざま〟には憎悪を含んだ意味があって、あまり〝人生〟を語る言葉にはふさわしくない。そこで、それにかえるものとして〝生きざし〟という言葉を引用してはどうだろうか。〝まなざし〟〝おもざし〟などというように、〝ざし〟はある語に添えて使われ、その物の姿や状態を意味するもので、むしろこの言葉のほうが適切な気がする。」

これは、名古屋大学教授・村上英治先生方が提唱されていることである。

私はこの十八年間、精神薄弱という条件を持ち、しかもその上、家庭や家族に恵まれない天涯孤独の立場にあった〝はちのす寮〟の十名の寮生たちと日常生活を共にしてきた。それは真に、十名が十名の個々の〝生きざし〟であり、その個々の〝生きざし〟の中に内包される多くの問題の中には、社会全体のあり方を問うものも含まれている。

これまで〝はちのす寮〟の生活に関するさまざまなできごとを『おまえら　ばかか』『ほうり出されたおれたち』と題した二冊の拙著（共に風媒社・刊）で紹介したのだが、今回は十名の寮生たちの、個々のひたむきな〝生きざし〟の中から、個々の自己実現のきざしを見せるに至ったその実態と、それをとりまく社会環境の中にある問題点などを指摘してみたいと思う。

最近、いろいろな分野で〝Uターン現象〟という言葉を社会問題として聞くことが多い。

それは、高度というよりは、異常な状態の経済成長による消費生活文明の中に陶酔してきた社会全体が、ある日突然、冷水を浴びせかけられ、ハッとわれに帰り、その限界を知ったからであろう。薬物公害とか騒音公害だとかオイル・ショックだとか、あるいは開発という名の自然破壊など、人災のようなものを体験させられたことによる焦り現象でもあるのだろう。

しかし、このような現代文明の本質にかかわる問題を、省エネルギー時代だとか、自然との調和だとか、学歴偏重社会の見直し――などというような単純な〝Uターン思考〟などというもので本当に解決できるものだろうか。

さまざまな分野での〝Uターン現象〟なるものが確認されている中で、社会福祉に関する分野のみは〝Uターン現象〟どころか、いい意味にも悪い意味にも、まったく直線的に現実が進行し、それが進歩として確認され、社会全体と遊離した場にありながらも、表面的には社会に包括されているかのような錯覚を大衆に与えている。

言うならば現代社会の中での社会福祉の存在は、現代社会の内包する数多くの社会矛盾の根源である恥部のようなものを、社会福祉という美名のベールで被い、そのベールのみを美化することによって、その存在を正当化しているように思える。

現に〝社会福祉〟と言えば、大半の一般大衆には、あたかも雲上の美事であるかのような印象を与えている。

他のさまざまな分野での〝Uターン現象〟のようなものは、それぞれの分野での部分的な結果に対するものでしかない。そうした多くの問題を社会全体の問題として総括して考えるときに、その問題解決に必要な唯一の基本姿勢のようなものは、現在の社会福祉のあり方に対して、社会全体が、もっとも単純な個々の人間性に基づき、個人的にその原初的な原点を確認することではないかと思う。

私は、この十八年の年月、行政施策としての法的な社会福祉事業とはまったく接点を持たない（持つことのできない現状にあったと言ったほうが妥当かもしれない）、言わば法の盲点的な谷間にあるところで、広い意味での社会福祉事業を日常生活としてきた。

私個人として良い体験であったかどうかはともかくとして、その生活体験をすべて率直に書き記することは、私に課せられた使命でもあり責任でもあるような気がする。また、それが混迷した現代社会に対して〝小さな波紋〟を投げかけることができれば幸いであるというのが、私の願いでもある。

一九八一年　四月

江　尻　彰　良

I 生活体験から福祉の原点を見る

あたりまえな生活ということ

私の生活体験というのは、その事のよし悪しは別として、あまり世間に例を見ないものであることは確かである。

しかしそれがまったく特異なものであるのかというと、じつはそれがまったくあたりまえな、どこにでも見られるような日常的なものなのである。

こんな説明をすると何がなんだかわからなくなるだろうか、じつは私は、昭和三十八年から今日まで、小さな〝下宿屋〟を営んできたのである。

そうした下宿屋を営んでいることが、あまり世間に例を見ないとする理由は、私の営んでいる下宿屋に下宿をしている十名（男子ばかり）の下宿人全員が、精神薄弱という条件を持つ上に、しかも家庭や家族に恵まれない天涯孤独な立場にある者たちだからである。

その下宿屋の屋号（名称）を〝はちのす寮〟としているのだが、その〝はちのす寮〟がどうして社会福祉施設とは異質なものであり、行政による社会福祉施策との接点を持つことができないかというと、〝はちのす寮〟の十名の寮生たちが、あたりまえな社会の中で、あたりまえな人たちと同じように、あたりまえな日常生活を営んでいるからである。

〝はちのす寮〟の寮生たちの一日の生活のあらましは、それぞれの寮生たちが朝になれば起きて顔を洗い、朝食をすませ、昼食の弁当を持って各自が〝はちのす〟からそれぞれの職場へ働きに出かけるというものである。

夕方になれば彼らは三々五々、職場から帰って来て、夕食をとり、その後に、風呂に入り、テレビを見たり、雑談に時間を過ごしたりなどして、それぞれが眠くなれば床につくという一日を終えるのである。

結局、なんでもないあたりまえの生活である。

問題は、精神薄弱という条件を持つ〝はちのす寮〟の寮生たちが、なんでもないあたりまえの日常生活を営んでいること自体を、どうして「あまり世間に例のないこと」だとして、説明しなくてはならないかということである。

仮にそうした〝はちのす寮〟の存在が、社会福祉施設の一つだとすれば、それは別に問題のないものであると思う。しかし現実には、〝はちのす〟の運営事業が利益追求を目的とすることのできないものであり、また、対象者の持つ条件からして当然社会福祉事業的な性格のものでなければならないのに、現在の法で言う社会福祉行政施策とは、まったく接点を持つことのできない立場に置かれているのである。ここに、現在の社会福祉の問題があると思うのである。

通勤寮と〝はちのす寮〟の違い

私がこうしたことを始めて間もない頃であった。

ある著名な社会福祉事業関係の方から、「精神薄弱者があたりまえな社会の中で、あたりまえな人たちと同じような日常生活を営むことのできる施設形態は望ましいものであるのだが、現在（昭和三十八年当時）の日本の社会福祉施策の実情からして、二十年早すぎるのではないだろうか」と、助言とも忠告とも受け取れる言葉を聞いたことがあった。

それからもう二十年になろうとしている。ある意味では、その人の予測どおり、社会福祉に関する行政施策は現在、ようやく少しずつ進歩してきてはいる。だが、やはり、あたりまえな生活をめざしている私どもの〝はちのす寮〟と行政施策との間には、あいかわらず交わることのできない二本の平行線があることを確認しないわけにはいかない。

昭和四十六年には、厚生省の通達により〝精神薄弱者・通勤寮〟という施設形態の設置が認められることになった。

その〝通勤寮〟というのは、私どもの〝はちのす寮〟と比較して、どんな違いがあるのだろうか。

〝通勤寮〟の利用者（正確には〝収容者〟と言う）は、〝通勤寮〟を日常生活の居住の場として、そこから各自の職場へ働きに出かけるのである。

そうした日常生活の面からだけ見れば、厚生省の言う〝通勤寮〟と私どもの〝はちのす寮〟は、まったく変わるところがない。ところがその目的においては、まったく異なっているのである。

〝通勤寮〟というのは、その施設目的を対象者の更生施設としているために、対象者を一定期間（二年ないしは三年の間）に、通勤寮の中で生活指導訓練することによって、対象者を社会自立させなければならないことになっている。そうした施設目的は、目標としてはしごく当然なことであり、また理想としてはそうあるべきだと、一面では私にも納得できる。しかし現実に、精神薄弱という条件を持つ者が、わずか二、三年の施策的な生活指導によって、社会自立なるものが可能だとすれば、それは何らかの医学的な方法によって、対象者の持つ精神薄弱という条件を取り除くことができた場合に限られ、それ以外には考えられない。まったく奇跡的（?）な施設目的であり、むしろ滑稽としか言いようがない。

私のように単純で直線的な思考しか持ち合わせない者には、そのような目的を持つ現実ばなれのした〝通勤寮〟を運営することなどとうていできそうもないが、それでも現在、全国にはそうした〝通勤寮〟が七十数ヵ所も誕生し、その運営がなされているのである。そして、そこでは、当然のことではあるが、対象者を二年ないし三年で社会的に自立させて施設から社会へ送り出すことが不可能なために、〝措置延長〟という定められた制度によって対象者の長期収容を正当化しているのが実情である。そればかりか、行政権限によって、〝通勤寮〟という施設目的までもが無視され、〝通勤寮〟の対象外の重度者を、通勤寮に収容せざるをえないという事例もでてきている。

事前に無理が予測できるような、社会自立を目的とした〝通勤寮〟が法制度によって実施されているのも現実無視の施策と言えるが、自立したはずの〝通勤寮〟後の対象者のための新しい社会福祉施設の設置が叫ばれているというのもおかしなことである。このことは、いかに行政施策が現実から遊離したところで、一方的なものとして存在しているかということの証拠である。

〝通勤寮〟と私どもの〝はちのす寮〟との目的の違いというのは、前者が対象者を更生して社会自立させることを目的としているのに対して、後者は、彼らが精神薄弱という条件をもっていても、それは条件にすぎなく、一人の人間としてはじめから当然に社会の一員であると考え、彼らの社会生活を営むうえでの困難な面を補い、そして彼らの社会生活を〝保障〟することを目的としている点である。

たとえ対象者が精神薄弱者であっても、人間的価値の問題にはまったく関係がない。彼らはただ単に条件の違いというハンディキャップを背負っているにすぎないのだ。更生させなければ社会の一員として認められないという考え方は、本当に正しいものだろうか？

行政施策の転換——精神薄弱者福祉ホーム

昭和五十四年七月十一日付で厚生省から、定員十名の精神薄弱者・福祉ホームという小規模施設の設置及び運営に関する通達が出された。

その概要を検討してみると、ただ一点だけはちのす寮に共通すると思われる面があった。それは、従来のさまざまな社会福祉施設がその施設目的を、対象者の〝更生〟か〝援護〟かに限定していたのに対して、精神薄弱者・福祉ホームの施設目的の中におぼろげではあるが、対象者の生活を保障するかのような解釈をしている箇所が見られることである。

その他の精神薄弱者・福祉ホームに対する私感は後記するとして、その部分の厚生省の通達事項を抜粋して記してみる。

目的

精神薄弱者福祉ホームは、就労している精神薄弱者であって、家庭環境、住宅事情等の理由により、現に住居を求めているものに独立した生活を営むために利用させ、就労に必要な日常生活の安定を確保し、もってその社会参加の助長を図ることを目的とする。

〔利用対象者〕

一、日常生活において介助を必要としない程度に生活習慣が確立している者。

一、継続して就労できる見込がある者。

〔対象者の認定〕

一、稼働による収入等々をもってその生計を継続的に維持できるものであること。

一、慢性疾患及び伝染性疾患を有しないこと。

一、特に問題となる行動を有していないこと。

その他に、利用者の食事は、自炊によるものとし、その他の日常生活も原則として利用者自身で処理するものとする。

以上のほかにも詳細な規定事項などが列記してあったが、私がこの要項を見てまず思ったことは、私自身が、精神薄弱という条件を持っていないのにしても、はたしてその〝精神薄弱者・福祉ホーム〟なるものの利用者としての条件に該当するような能力を持ち合わせているのだろうか、ということであった。とくに疾患もなく、あまり問題となる行動もなく、継続就労の見込みがあって、それによって生計を維持できて、なおかつ、自炊生活をして、あらゆる日常生活に関する問題は自分で処理してゆかなければならない……。こうしたことと精神薄弱という条件を持つ者とを、いったい、どのように結びつけるのだろうか。現実無視というよりも、まさに笑止に値する通達と言わねばならない。

ただ、これが〝通勤寮〟を出た後の対象者への苦肉の策であることは推察できる。しかし実際この要項に該当するような者なら、一般社会の中であたりまえな日常生活を営むことが可能なはずである。それをわざわざ新しい施設をつくって収容する必要がどこにあるのだろうか。現実的には意味を持ちえないことをただ単に文章化したにすぎないのではないかとさえ思われてくる。このことは、〝ホンネとタテマエ〟的な体質を含んでいて、まさに行政施策の欠陥を如実に表わしている気がする。

こうした社会福祉に関する行政施策の現状が、〝はちのす〟を始めて間もない頃に「二十年、早すぎるのでは」と助言されたある著名な社会福祉関係の方の予測に反したことや、私どもの〝はちのす寮〟と行政施策との平行線を確認する結果となったことなどは、さておき、私はただ、こうした行政施策のあり方が、「ゆりかごから墓場まで」式に社会福祉が発展したときに生ずる結果を、危ぶまないわけにはいかない。社会福祉という美名のベールで被う行政施策によって、特定の条件を持つ者が社会の中から淘汰されるというような、否定と排除によって社会秩序が成り立つような未来社会になることを憂うのである。

行政施策による〝精神薄弱者・福祉ホーム〟の誕生には、次のような経験があるのではないかという気がする。

ひとつには、現状として障害児・者の在宅家庭が社会福祉収容施設の役目を担い、しかも、家庭に経済的なゆとりがでてきたことや、家庭意識の変革などによって、施設離れの風潮が見られるようになった。そのため、現在の収容施設の一部には、その施設離れを防ぎとめ、定員を確保するために対象者の年齢延長を実施し、その場を〝精神薄弱者・福祉ホーム〟の制度化要請のようなものに求め、結果、従来の社会福祉施設側から行政へ働きかけたのではないかということである。

そのためではないかもしれないが、現に〝精神薄弱者・福祉ホーム〟なるものは、その設置運営は地方自治体もしくは現存する社会福祉法人のみという制約が規定されている。本来、〝精神薄弱者・福祉ホーム〟なるものは、その目的や要項からしても、一般地域社会の中に、その地域と有機的に結びついた形で存在してこそ、その目的が達成されるべき性質のものである。にもかかわらず、そうしたものが従来の上からの発想で作られてきた社会福祉施設の中に包括されてゆくということは、まさに「ゆりかごから墓場まで」の隔離施設の拡充であり、現に一部関係者の中では、〝精神薄弱者・老人ホーム〟の設置までが叫ばれているのである。

また、〝精神薄弱者・福祉ホーム〟の設置を認めた行政施策の意図の中には、従来の大型収容施設に対する措置費の高騰が現実問題となってきたために、施設の小規模単位化による、措置費の削減目的があるようにも思える。

〝はちのす寮〟の願い

私ども〝はちのす寮〟が行政に対して要求したいことは、別にたいしたことではない。それは、〝はちのす寮〟の将来的な存続を経済的に保障してほしいというものでもなければ、〝はちのす寮〟の存続のために寄附行為などをすることを認めてほしいというものでもない。そうではなくて、この十八年間をまったく自主的に存続させてきた〝はちのす寮〟という生活集団が、その存続のために必要とする資産を〝はちのす寮〟として自主的に保持することのできる法的な人格を取得したいということと、〝はちのす寮〟という生活集団を運営持続させてゆくためのさまざまな自主的活動を、やはり法的な人格を持つ者の行為として認めてほしいということである。

四年前までの〝はちのす寮〟は、私自身が自分の生活手段としての職業を持ちながら、寮生たちを対象とした〝下宿屋〟を営んでいた状態であって、私個人の存在がそのまま〝はちのす寮〟そのものの存在までも左右してしまうという不安定なものであった。そうした問題を解消してゆくために、四年前から〝はちのす寮〟は任意団体ではあるが、七名の委員会メンバーの合意性によって運営される、〝社会福祉集団・はちのす〟として、新たな再出発をしたのである。〝社会福祉集団・はちのす〟は、サイド・ビジネスを持ってその利益によって事業運営をするという、独立採算にもとづく社会福祉事業形態をとっている。外国ではすでにこの例が見られる。たとえば、五、六ヵ所のガソリンスタンド・チェーンを運営して、その利益によって小さな社会福祉施設などを運営するというようなものがある。

〝社会福祉集団・はちのす〟は、十名の寮生から月額四万円の寮費を徴収して寮生たちの食住の保障をしているのだが、その徴収金額は年間の総必要経費の半額にも満たないものである。それを補うためのサイド・ビジネスというのは、以前、私個人の職業としていた学校教材用粘土の製造販売であり、寮生たちの働いている職場で製造される陶器類に〝はちのす〟の寮生たちが独自のデザインをした〝はちのす陶器〟なるものの販売である。

粘土の販売の方は〝はちのす〟の立場を理解していただける〝はちのす〟の居住地である瀬戸市内の全小・中学校と瀬戸市近郊の小・中学校約五十校で、全面的な協力を得て、〝はちのす〟の大きな資金源とさせていただいている。陶器のほうも、〝はちのす〟なりのデザインを特長として、日用的な製品を生産し、その販売成績を少しずつでも上げている。

〝はちのす〟は法的人格を認められないまま、それでも、こうした独立採算という方法によって、小さな社会福祉事業の運営を持続立証してきたのである。

現在の社会福祉事業に関するいちばん大きな欠陥であり、社会福祉事業そのものの真の充実を阻止しているものはなにかと言えば、それは、社会福祉事業そのものが、行政主導のもとで社会福祉事業としての認可さえ受けてしまえば、あとは定められたことだけを守って、それ以外の新しい試みさえ積極的にしなければ、親方日の丸的な安定が保障されているところにあると思う。俗に言う「きめのこまかい福祉」というものは、さまざまな障害をもつ人々に対応した多様な社会福祉のあり方を行政が認めて、その自主的な社会福祉のあり方を厳しくチェックして、その中で多様な社会福祉のあり方が切磋琢磨されていってこそ、芽生えてくるのではないだろうか。

私個人として、〝はちのす〟が法的な人格を取得できないためにいらだちをおぼえるのは、これまでの十八年間の寮生たちとの日常生活を、まったくあたりまえな人間生活の一つだと自分なりに自覚しているのに、こうした私の行為を慈善か救貧行為としか見てもらえないからである。

集団生活の反省——対人関係の貴重さ

これまでの〝はちのす寮〟のあり方に対して、その存在をそれなりに高く評価してくれる人も少なくはなかった。そうした人たちの〝はちのす寮〟に対する評価は、〝はちのす寮〟が一般社会の中に溶け込んだ存在であるということと、特定な条件を持つ者の施設形態としては、日常生活が一般的であり、集団生活の中で必要悪とされている対象者に対するさまざまな制約のようなものを最小限に止めた、小規模施設形態であるということである。

しかしそうした評価は、〝はちのす寮〟を施設の一つとして見た場合の評価であって、個々の〝はちのす寮〟の寮生たちが、あたりまえな社会の中であたりまえな日常生活を営むこと自体は、当然、人間が社会生活を営む上での基本条件であって、別にとりたてて評価に値するものでもないと思う。私自身が、この十八年間の生活をふり返ったときには、正直に言って、ただそうしたふつうの日常生活を営んできたこと自体に対する反省しかないのである。

その反省を強く私に促したのは、私と日常生活を共にしてきた十名の寮生たちであった。十名の寮生たちはみんな、それぞれがそれなりの成長をしてきた。そして、そのうちの二人の寮生は想像もできなかったほどすばらしい成長をしたのである。別に、その二人の寮生がほかの寮生たちに比べて、とりたてて知能指数が高いわけではなく、そうした成長の結果を見る要因となるような特質を自分の中に持っていたわけでもない。ではいったい何が、この二人に目を見張るほどの成長を促したのだろうか。

寮生たちの生活をふり返ってみて気づいたことは、その二人の寮生が、ほかの寮生たちに比べて、より多くの、より多様な人たちとの〝かかわり〟を持つことのできる職場環境にあったということである。ほかの寮生たちとのそうした外的条件の違いがあったのである。

十年以上もガソリンスタンドで働いている恵次は、自動車の運転免許証を取得することができないので、配達だとか集金などの仕事はできないのだが、給油・洗車・オイル交換・パンク修理などの作業などでは、超一流、とまではいかないにしても、職場でマアマアの作業能力を発揮している。ガソリンスタンドという職場環境が恵次の成長に大きな糧となっていることは、恵次が一日に何十人という人たちとの会話を十数年間も体験できたということである。

その成果は、具体的に言葉で説明できないものであるが、例をひけば、あるときはガソリンスタンドのお得意さんの紹介で二度ほど〝お見合い〟を体験したし、あるときはやはりお得意さんに誘われて魚釣りやボーリングに行くこともあった。こういうことは恵次にとって、あたりまえな日常生活の一環なのである。

また、恵次は通勤のため同じバス路線を十数年間も利用しているが、そのバスの乗客たちとの間にも、やはり職場のお得意さんたちと同じような関係が生まれている。

こうした多くの対人関係を持つことによって恵次の発達した面といえば、初対面の人とな

現在（ガソリンスタンドにて）
顔立ちが柔らかくなっている

ら、自分の持つ精神薄弱という条件を知られることもなく、一日中であっても世間話の応答ができるということである。

　これは、〝はちのす〟を訪ねた人たちで恵次と対話をした人たちのほとんどが、後日になって、「私は恵次さんが〝はちのす〟の寮生だとは、ぜんぜん気づきませんでした」と話されることで明らかである。恵次の一般人と変わらない会話をする能力に加えて、日常の服装にしても、恵次が常に意識した細心な注意をはらっているためであり、これも多くの人びととかかわりを持つ職場環境によるものだと思う。

　ただ恵次と四六時中かかわりを持っていると、同じ内容の対話が反復されてきて、いささかわずらわしさを感じないでもない。しかし、それはそれとして誰もが持ち合わせている短所のように、恵次の持つ一つの短所であると私は解釈している。

もう一人すばらしい成長をした小島の場合は、〝はちのす〟から職場へ住み込み就職という形をとっている。小島は、月曜日の朝に〝はちのす〟から職場へ出かけて、土曜日の夕方に職場から〝はちのす〟へ帰ってくる。職場は小規模な鉄工所で、主な仕事は小さな建築物などの鉄骨組立である。したがって仕事の現場が四、五日から半月ほどを区切りとして点々と移動する。だから、まったく初対面の人と会話をする機会にも多く恵まれているし、さまざまな生活体験を積み重ねることも多い。また、〝はちのす〟が他の収容施設と比べて人数的に家庭的でしかないのに、小島の勤務先での住み込み生活は、事業主の家庭そのものの中に溶け込んでしまっている。本当の家庭生活である。

そんな小島の日常生活では、一般の健常者とまったく同じ生活のリズムがくりかえされ、そういった生活環境の中で飛躍的な成長がなされていった。

小島は、〝はちのす〟へ来る前の施設生活の中では、その施設に併設されていた特殊学級の就学すら免除されていたほどの〝やっかい者〟だったのだが、その頃に比べると、〝はちのす〟へ来てから現在までの成長ぶりは、まったく天と地の差を見るものである。

言い変えれば、恵次と小島の二人は、ほかの寮生たちよりも、より以上に〝はちのす〟以外の生活環境を体験したことによって、すばらしい成長をしたということである。

こうしたことからしても、一般的に精神薄弱という条件を持つ人間が、社会の中でいろいろな人と出会い、いろいろな経験をしながら、あたりまえに生きることが、いかに基本的に重要なことであるかと思うのである。精神薄弱という条件を持つ者が、そうした共通の条件を持つゆえに集団生活をする必要性があると主張されるのは、だからむしろ滑稽なことではないかと思う。

私どもの〝はちのす〟が、対象としている寮生たちが家庭や家族に恵まれない天涯孤独の立場にあるということのみで、小規模とは言え集団生活を正当化していること自体も、そういう意味では大きな反省をする必要のあるものだと思う。

そうしたことをさらに裏付けるものとして、次のような例をみるのである。

私どもの〝はちのす〟では、寮生たちとの共同生活のほかに、〝はちのす〟が自然環境に恵まれた立地条件にあることを活用して、毎年、夏になると地域の在宅障害児・者を対象としたキャンプ場を開いている。

さまざまな障害を持った人たちを中心としたキャンプには、障害を持った人たちの手伝いをしながら共にキャンプ生活を楽しむ若い女性の参加も多い。

寮生たちにしてみれば、毎日、口うるさい父親がわりの私と顔を突き合わせているような重苦しい生活とはうって変わって、キャンプの期間中は、〝はちのす〟は百花繚乱の、和やかムードいっぱいの生活環境となる。そして、そのことによって寮生の生活態度にもずいぶんさまざまな変化が現われる。

まず第一に、個々の寮生たちが若い女性の存在によって、まったく別人（？）のように変身するのである。

毎朝、洗面をするのに四十分もの時間を費やし、その洗面の仕草を見ていると、まったく異常としか思えないほどくり返しくり返し洗顔と嗽《うがい》の動作の反復を続け、しかもその上に、そうした行為で時間を費やすことによって、ほかの寮生たちと一緒に朝食をする時間に遅れる結果となることを、まったく自分の側に原因のあることを考えようともせずに「ほかの寮生たちが朝食を始める時間が早すぎるのだ……」と、ブツブツと不平を言いながら、常識では考えられないような自己主張を勝手に正当化する春一。

その彼がキャンプの期間中は、いつもの洗面に費やす四十分の間に、洗面を済ませて、さらに犬の散歩をさせながらキャンプに参加している若い女性に「オハヨウ……」「オハヨウ……」と、笑顔で朝の挨拶をしてなおかつ、朝食の始まる時間を余裕を持って、笑顔で待つ始末である。

ほかにも、毎朝、ズボンのファスナーを上げ忘れていることや上着のボタンを完全にはめてないことを日課のようにして、私にやや罵倒に近い注意をされている秋夫や南部も、やはりキャンプに参加している若い女性を意識している証拠に、キャンプ期間中はズボンのファスナーを上げるのを忘れるどころか、いつものダラシナイ服装にまで彼らなりに注意をして、なんとなしに小ざっぱりとした服装をするのである。

羽田にしても……、羽田がいつも食事をしている態度を見ていると、見ている側がうんざりするような食事の仕方をしているのに、やはりキャンプに参加している若い女性と食事を共にするときには、いつもとは違う、すごくあたりまえな行儀がいいと言ってもいいほどの態度で食事を終えて、「ゴチソウサマ……」と、まったく常識的な挨拶までして涼しい顔をしているのである。またそのほかにも、〝はちのす〟での日常生活のなかでは、まったく人に対する協力的な態度を示さない秀一や堀までもが、キャンプに参加している若い女性に対しては、想像もつかぬような積極的な協力（手伝い）をするのである。

そうした寮生たちの環境条件の変化による変身（?）ぶりが、かつて、ある女性解放運動の先駆者が「原始、女性は太陽である」という名言を残したことを思い起こさせ、「現代なお、女性は太陽である」ということを、寮生たちの純粋な人間性が立証したように思う。とともに、特定な条件を持つ者の生活集団である〝はちのす〟が、こうした寮生たちのまったく自然で純粋な人間性までも封じているかもしれないような大きな欠陥を持つことに、強い自己嫌悪とその反省を痛感するのである。

上意下達の福祉の解体を

寮生たちと集団生活を共にした結果として私の得た大きな成果は、精神薄弱という条件を持つ寮生たちにかぎらず、すべての社会的に不利な条件を持つ人たちの問題を考える場合には、そうした人たちの条件や立場を考える前に、彼らがその立場や条件とはかかわりなく、当然に一人の〝人〟であるというあたりまえなことを前提としなければならないことを、私なりに自覚できたことである。

たとえば、精神薄弱者をどうしたらいいのか、ということではなくて、一人の精神薄弱という社会的に不利な条件を持つ人に対してその人とのかかわりを持ってゆくときに、かかわりを持つ側が、その人の人間としての存在を確認してゆくためには、どのように意識変革をしていったらいいのか……ということである。私が文中に〝精神薄弱者〟と記せばことのたりるのを、あえて〝精神薄弱という条件を持つ人〟と記すのも、それゆえである。

私たちは、さまざまな社会的に不利な立場や条件にある人たちと〝かかわり〟を持って生きていく必要がある。その必要性は、不利な条件を持つ人持たない人、さまざまな人たちの存在を前提としたところに、この人間の社会があるのが自然なのであり、仮に、そうした人たちの存在を無視していくとすれば、それはそうした人々に対する想像力や思いやりや共感を育てることのない、〝健常者〟のみが一人よがりに生きていけるような否定と排除のみによって成り立つ精神的にも文化的にも貧しい人間社会となるのではないか、と思うからである。

人間社会の根底とするものは個々の生命の連帯であり、画一化された人間の集団形成を言うのではないはずである。生命の連帯というのは、その個々の生命がどのような立場や条件にあろうとも、その個々の生命の尊重によって初めて成り立つものだと思う。

さまざまな社会的に不利な立場や条件にある人たちが、具体的に日常生活を営んでゆくためには、当然に、その不利な立場や条件を補ってゆくための方法や手立てのようなものが必要であるが、やはりそうした行為の中に基本とする〝個々の生命の尊重〟が基盤としてなければ、やはりそれは〝福祉〟という美名のもとでの、不利な条件を持つ人々の否定と排除によってのみなりたつ隔離と排除となってしまう危険性がある。

私は別に、現在のさまざまな社会福祉施設の存在そのものを否定する者ではないのだが、そうした施設などの設置や運営などを含めた社会福祉の存在が、あまりにも社会全体の現実から遊離したところで一方的に発展してゆくことを憂うのである。

生意気なようだが私が自分の限られた生活体験の中から、社会福祉に関する基本とすべき原点のようなものを提言するとすれば……。

たとえば平均的な百名の人口集団の中には、当然に何人かの社会的に不利な立場や条件にある人たちは存在するはずである。そうした人たちの問題というのは、基本的にはその平均的な百名の人口集団の中の問題として対処し、解決してゆかなければならないということである。しかし現実には、その人口集団から離れたところで、別の所へ集められて、そうした人々の問題が対処されているのである。

問題はそこにあると思う。これは社会福祉施設などを運営する者の意識と目的の問題であり、また、そうした施設などに収容の対象となる側と一般大衆の意識の問題でもある。

端的に言えば、社会福祉施設などの存在は、社会的に不利な立場や条件にある人たちが、その不利な立場や条件のみのために必要なものとして、あくまでも意識的に〝一時利用〟をするものとしなければならないと思う。

そうなれば、必然的に社会福祉施設などは対象者からの利用選択に迫られるために、さまざまな社会的に不利な立場や条件に対する、より専門的な知識や技術や設備などの充実した、個々の施設の独自の特殊性を備えて、利用者の選択に応えなければならなくなると思う。

私の言う、「百名の平均的な人口集団の中には、当然に何人かの社会的に不利な立場や条件にある人たちが存在し、そうした人たちの問題は基本的にはその平均的な百名の人口集団の中の問題として対処し、解決してゆかなければならない……」ということは、福祉というものは、施設福祉によって人を救うものではなくて、不利な条件のある者と助け合って一緒に生きていこうとする地域住民の意識によって連帯するのが本当の福祉ではないか、ということである。

再度、私の願う社会福祉などの原点とすべきものを一般的なことを引用して平たく要約すれば、現代もなお私たちの日本の社会の中に現存する、上意下達の福祉行政体質の解体である。

生きざしの尊重

現代社会の社会福祉問題をも含めたあり方のようなものは、いろいろ意味で発展をしてゆく反面、多くの矛盾を生みだしているのが現状である。

たとえば社会福祉に対する行政施策は現実の実情とはかけ離れた形で発展していっているが、そのことによって一般の人々が、社会福祉の対象となる社会的に不利な立場や条件にある人たちに対して、「リッパな施設ができたから……。行政による年金制度のようなものがよくなったから……」などということで事足れりとし、自分たちとは無縁のことだとしていたら、私たちすべてが物質優先の現代社会の流れに流されて、おたがいが人間社会の基本である他人との関係すらも断ち切られて、発展という名の矛盾と崩壊につながる道へ押し流されていってしまうのではないだろうか……。

発展と矛盾と崩壊のくりかえしは、過去の歴史の中にもうかがうことのできるものだが、現代社会のように科（化）学物質文明の発達してしまった時代には、そうしたくりかえしが可能なものだろうか……。

現代社会の進歩は、調和を保つことによって近代化されたのではなくて、調和のないままに性急に近代化されてしまったもののように思える。たしかに個々の人間の中には、それなりの思想や信仰や信念などのようなものがあって、それがその人の生きがいを支えているのかもしれないが、しかし、各人のそうした現代の思想や信念などが、実際に社会の現状に対してどのようなかかわりを持っているのだろうか。そうしたもののほとんどが、現代の社会の中の矛盾などに対して具体的な対応をすることができず、ただ〝抽象的な批判をし、または回避的な思考に走り〟〝排他的な自己主張をし、または自己中心的な革命的行為に走る〟のみではないだろうか。

最近よく多様化社会だとか多様化時代などという言葉を耳にするのだが、そうした多様化という現象は、社会の成熟度に伴って自主的に出てきたものだろうか。それが、モノの消費志向を高めるために意図的に作られてしまったものであったとしたら、そうした中で個々人がそれぞれの囲いの中であたためている思想、信仰、信念などは、一面で社会逃避的な自己満足になっているのみではないだろうか。

あらゆる思想、信仰、信念などに個人としてかかわりを持つ場合には、そうした中に自己を埋没させてしまうのではなくて、そうした中で自己の存在を確立させてこそ、はじめてそうしたさまざまな思想、信仰、信念などの存在意義があるはずである。

またそうしたものが個人を拘束したり排除をしないという立場に立ってこそ、不利な条件を持つ人もそうでない人もすべての人間が一人の〝人〟として存在することが保障できることにもなる。そのためにはすべての人たちが、あらゆる思想や信仰などの存在よりも前次元の問題として、自己の生命の存在を確認自覚するために、まず他の生命の存在をも確認し、互いの生命がまったく同等な生命の存在であることを自覚する必要があると思う。そこからはじめて、一人の人間としての自覚のある〝生きざし〟が始まり、個々の人間が多様な立場や条件の中で現実に生きているという、きわめてあたりまえのことが見えてきて、多様な人間の存在を尊重することのできるさまざまな思想や信念が培われ育ってゆくのではないかと思う。

あらゆる人間社会の原点というのは、個々の人間の、それぞれの〝生きざし〟の尊重ではないだろうか……。

Ⅱ 社会生活十八年の培い

寮生たちの自己実現

自己実現というのは、私の単純な思考で説明すれば、一人の人間が、一人の人間として、人間社会でどのように自分を位置づけして生きてゆけばいいのか……ということだと思う。

たとえば、精神薄弱という条件を持つ者は、精神薄弱者として、それなりに生きてゆけばいいのかと言えば、その実はそうでないと思う。たとえ、精神薄弱という条件を持っていたとし

海辺で相撲をとる

ても、自分の生活している社会環境の中で、あくまでも一人の人間として存在しているという意識を持って、自分を位置づけていくことだと思う。

このことは、自分の存在する社会環境の中で、直接プラスになる行為をしなければならないか、というと決してそうではない。まったく社会的に不利な立場や条件にあるため、他の人の世話になることでしか生きていくことができないような状態であっても、その生命の存在自体が自己実現の原点につながるものではないかと思う。

そうした意味からしても、精神薄弱という条件を持つ〝はちのす〟の寮生たちにも、当然、個々の自己実現の表われがあり、そうした個々の寮生たちの自己実現の中には、精神薄弱という条件を持つがゆえに自覚に乏しいと見られる面もあるが、やはりすべての他の人たちの自己実現と同じように、生命の存在を根底とした生きざしのようなものを感じるのである。

精神薄弱者らしくない精神薄弱者

最近、〝はちのす〟の寮生全員が、愛知県精神薄弱者更生相談所で判定を受ける機会を持った。集団判定だということで相談所から三名の職員の方たちに一日〝はちのす〟へ出向していただいた。寮生が一人ずつ順番にそれぞれの職員の方々から面接・知能測定・健康診断などをしてもらった。

判定が終わってからの、相談所の人たちの寮生全体に対する印象は「たしかに〝はちのす〟の寮生全員は知能測定からいけば精神薄弱者であるが、全員が精神薄弱らしくない社会性を身につけており、アンバランスな精神薄弱者である。（?:）」と、いうことであった。

相談所の判定結果（鈴木ビネー式）の概要と、〝はちのす〟に見る個々の寮生の社会性序列を左記してみる。

“はちのす”生活での社会性序列	程　度
7	ＩＱ 43
2	ＩＱ 42
6	ＩＱ 45
4	ＩＱ 39
10	ＩＱ 50前後
1	ＩＱ 67
5	ＩＱ 46
9	ＩＱ 45
3	ＩＱ 64
8	ＩＱ 44

この対比から推察していただきたいことは、精神薄弱という条件を持つ者が社会生活を営む上では、知能指数の高い低いよりも、個人の性格のようなものと、生活環境が、大きく影響しているということである。だから、〃はちのす〃の寮生たちは社会生活体験が豊富なために日常会話の内容が豊かであり、初対面の人との会話においても、一瞬、この人が精神薄弱者だろうか……というような疑問を持たせるような面があるのだ。

それもそのはずである。

一番最初に判定テストを終えた春一に、テストがうまくできたか……という意味で、「春一、どうだった」と、私が問いかけると、春一から返ってきた返事は、

「三人（相談所の人たちを指して）とも、まあまあだったな……」である。

汗を流して働く

そのことを相談所の人たちに話すと、アキレたように苦笑されていた。

もう一つ、相談所の人たちが〝はちのす〟の寮生たちに関して持たれた印象は、悪い意味ではないが、寮生に生活の知恵のようなズルサが見られたということであった。

この判定のとき、どの寮生にも共通して見られた態度として、いろいろ質問されても「わからない……」「知らない……」などと安易に答えるばかりで、はっきりテストに答えようとしないということだった。そうした態度には、自分たちが判定されているという意識があり、しかも、そのため時間を拘束されているという気持ちが働き、そこから早く逃れたいという願いがうかがえるとのことで、社会生活体験から得た〝生活の知恵〟のようなものが寮生全員にあるようだのことだった。

そういえば、判定を終えた小島に、春一にしたのと同じ質問をしてみると、春一ごときではない返事が返ってきた。

「オレ……、オンナの人（相談所）と二人だけでヘヤの中でハナシをしたので、シンゾウがドッキンコ　ドッキンコして……、あんまりヘンジができなかったぞ……。アハハ、アハハ……」

これではまさに、相談所の人たちが言われるように〝精神薄弱者らしくない、アンバランスな精神薄弱者〟である。

春一と小島に象徴される〝はちのす〟の寮生たち特有のこの〝精神薄弱者らしくない、アンバランスな精神薄弱者〟タイプを、私は安易に成長の表われだとは言いたくないのだが、個々の寮生たちの、一人の人間としての自己実現のギコチナイあかしだとしたら、それは、私の寮生たちに対する甘い評価なのだろうか……。

〝はちのす〟からの独立拒否

恵次の以前からの願望は〝はちのす〟からの巣立ちであった。ここ二年ほどはそれが言葉として日常的に表われるようになった。

「ふた部屋のアパートを借りて……」「テレビも冷蔵庫も、それから電気釜も洗濯機も買わなければ」「〝はちのす〟には別荘のつもりで遊びにくればいい」「メシは外食の方が楽かな」などなどが、彼の毎日の日常会話での話題である。たしかに恵次には経済的にも生活能力の面からいっても〝はちのす〟から独立する可能性は多くある。しかし反面、性格的に気弱でおひとよしな面があって、つまずきの原因となる面も多分にある。

委員会などで再三話しあった結果、可能性の云々は別として、恵次にはその体験は必要なことではないだろうか……という結論となった。

そこで恵次に、「高いアパートの敷金のこともあるし、電化製品などを先に買ってしまっては、自活ができないときに困るから、試みとして一ヵ月だけでいいから〝はちのす〟に居るときのままで、外食してでも自活の生活をしてみてはどうか」とすすめてみた。

恵次は自分の願望がかなえられる喜びに満ちた表情をして、即答でそれに同意した。

月末の最終日の夕方、恵次の貯金から引き出してきた六万円を恵次に渡して、あしたから一ヵ月間、この金で〝はちのす〟は寝るだけの場所として、ガンバッテみるように伝えた。

恵次は自信ありげに「ウン、やってみる」と、答えたのである。

それから一時間ほどすると、恵次がしょげた表情をしているのに気づいた。

「恵次、どうしたんだ」

「……」

「一人で生活をするのに、自信がないのか?」

「ちがうよ……」

「そうしたら、どうしたのだ?」

「……」

「だまっていては分からないよ、どうしたのかハッキリと説明してみろよ」

「オレ……、自分で生活をするの、もうやめる……」

「どうしてやめるのか、その理由を説明しなければわからないじゃあないか」

「本当に自分一人で生活をすると、この六万円よりも、まだたくさんのお金がいるでしょ……」

「アパートの部屋代やら電気代やら風呂代などを細かく計算すれば、たぶん六万円以上になるだろうな……」

「オレ……、よく考えてみたら、ひと月に四万円出して、〝はちのす〟にいたほうがいいよ。貯金もいままでみたいにたくさん貯めることができるし、一人でアパートを借りて生活をしても、ただお金がいるだけだもの……」

「一人でアパートを借りて生活をすれば、おじさん（私のこと）にイヤなことを言われたり、叱られることもないから楽しいぞ」

「しかたがないよ……、ボクたちはおじさんに叱られてリッパになったのだから……」

恵次が「ボク」ときて、そのうえ私にお世辞を言うようでは独立の意志が消えてしまったと判断するより仕方がない。

恵次は、

「これからも〝はちのす〟で生活しますから、ヨロシク、オネガイシマス……」

と、テレくさそうな顔をして言ってから、いつもの恵次らしい表情にもどった。

その後、時々、恵次に「いいアパートがあるがどうだ」とか、「いつ〝はちのす〟から出るのだ」などと意地悪く言葉をかけてみるのだが、それに対する答えは、いつも「もうカンケイないよ」の一言である。

恵次のほか二、三人をのぞいた大半の寮生たちは、一ヵ月にたった四万円の寮費を出してこちらに食・住の保障（?）をさせておきながら、いつも私に、

「おじさんたち（私の家族）は、オレたちがリョーヒを出しているから、クラセルのだろ」と、堂々と口にするのである。

そんなとき、私は寮生に対する腹立たしさもさることながら、寮生たちと私との間に、誰か中間的な立場をとってもらえる人材の必要を痛感するのである。

しかし理屈はどうあろうと、自分の置かれている立場の有利不利を選択し、自分の存在意識を勝手に評価（?）する、そんな寮生たちを見ると、私が十八年間の彼らとの生活体験の中で考えた将来の〝はちのす〟への構想が、つまり、〝はちのす〟には発展的な解消の道しかない、とした結論が間違っているのではないか? ひょっとしたら、〝はちのす〟こそが「利用者が、その利用の目的のために利用することのできる理想的な社会福祉施設形態ではないか（?）」とも、思うのである。

酒呑百態

〝この親にしてこの子あり〟とか言うが、呑んべえの私と十八年間も生活している寮生たちも、〝朱に交われば赤くなる〟で、ほとんどの寮生がアルコールをたしなむ。

といっても、全体的にはほどほどにという分をわきまえた模範的な飲酒家で〝酒は百薬の長〟という感じである。

しかし、私と河さと春市の三名は、呑むほどに酔うほどに〝人酒を呑み、酒酒を呑み、酒人を呑む〟という、まったく恥ずべき〝呑んべえ〟である。したがってエピソードというよりも酒の上での失敗談のようなものも多くあり、そうした中から、勝手に私の分を省いて、河さと春一に関する二、三の例を記してみる。

酒呑みという者は、私をも含めて口卑しいものである。〝呑めるものなら葬式酒でも呑みたい〟という面が、河さにも春市にも見られる。

地域の中に年中行事として、各町内単位の「お天王まつり」だとか「地蔵まつり」などという行事がある。河さも春一もそうした行事のある日時をまったくよく心得ているようで、必ずそうした場所での振舞酒にありつく。それも、通りすがりにコップに一、二杯ご馳走になるというのなら、まだかわいげもあるのだが、そうではない。そうした催しは各町内会単位で行われるものであるから、河さや春市などは、まったくの部外者であるはずなのに、酒宴の車座の中にデンと腰を据えて、あたかもその場の主のような顔して振舞酒をご馳走になっているのだから、そうした場に彼らを引き取りに行くときの私は、いくら自分が酒呑みで酒呑みの立場が理解できるとしても、ただただ赤面して平身低頭するばかりである。

翌日は、酔いが醒めたところで、前日の様子を説明してその非を注意すると、いつも二人から返ってくる答えは同じである。

「コーバでいっしょにシゴトをしている○○さんがいて、『いいから呑んでいけ』と言ったからしかたがない」

「おじさん（私）の知っている人がいて、『〝はちのす〟のワカーシュ（若衆）たち……、おやじ（私を指して）が呑めるから、おまえたちも呑めるだろ……。呑んでゆけ、呑んでゆけ』と、言って呑ませてくれたからしかたがないよ」

言うならば、かたくるしくない人たちが、気軽に声をかけてくれただけのことなのだが、河さや春市には、あまりにも遠慮というようなものがないから、困るのである。

遠慮と言えば、次のようなこともときどきある。

二人はそれぞれ、日曜日などにお酒を呑みたいために同じ職場に働く人の家庭や自分たちの知っている人たちの家を訪問することがある。ときには二人の目的が達成されて、そうした人たちの家でお酒をご馳走になり、その上に〝はちのす〟まで車で送ってもらってくることもある。そんなとき、本人さんは一パイ機嫌でいい気なものだが、私にすれば、ご馳走をしてその上に送って来てくださった人に、ただただ恐縮するばかりである。

それだけで終わればいいのだが、河さや春市にはその後日談が付くのである。送って来てくださる人たちは、必ずといっていいほど河さや春市に「また、遊びに来いよ」と、言葉をかけて帰られる。

それが問題なのである。

河さや春市は、そうした場合に、次の日曜日には必ずといっていいほど、またその人たちの家を訪ねるのだ。

正直と言えば正直、素直と言えば素直、結局は酒呑みの口卑しさの成せる業だと思う。

河さの酒癖はグウタラ形、春市はいささか酒乱ぎみである。河さは過去に数回、街の中でダウンして迎えに行ったこともあり、パトカーでお送りいただいた（？）経験の持ち主でもある。

最近では、少しは自制できるようになったのか、時々、思いもかけぬ人から「このあいだの日曜日に河さが私の家へ来て、『あまり酔って帰るとオジサン（私のこと）がウルッサイから、すこし休ませてくれ……』と言って、私の家で一時間ほど遊んでいったよ」、などと聞くことがある。酔っぱらって街の中でダウンしていた頃からすれば、グウタラ呑んべえの河さの大きな成長ではあるが、いずれにしても人様に世話をかける男である。

春市の酒癖はいささか始末が悪い。典型的な酒乱である。少し呑み過ぎると、誰彼なしに強い被害者意識の反発と見られるような態度でからんでくる。その様相は目を釣り上げてキバをむき出した鬼のようであり、「モンクアルカ、ヤッタロカ……」の連発である。

私には、それなりに春市の心の中にその原因となるものがうかがえる。それは春市の過去の生活体験の中の民族差別に対するものであり、また、軽い言語障害があって、ふだんから言葉による意志の疎通ができにくい場合があることによる、いら立ちの爆発のようなものであると思う。

それが証拠に、春市のそうした行動はまったく無差別な行為ではない。前記した〝はちのすキャンプ場〟のオープン中は、いくら酔っぱらっても笑顔一辺倒であり、脇の下をいくらくすぐってもこんな笑顔はできないというような、キバの抜けた鬼のようなシマラナイ笑顔を、キャンプに来られた若い女性や子どもに撒き散らすのである。

春市の酒癖は、強く叱ると次の日には多少反省の様子が見られ、その次の日曜日には、またもとにもどる……と、いう交互の繰り返しである。それでも四、五年前よりはよほど自覚が見られるようになったのだから、これも酒呑みの自己実現（?）なのだろうか……。

そうでなくて、春市の飲酒時の行為は、春市に対する権力的な立場にある私に対するうっぷん晴らしであり、それは、自分が酔っぱらっていても笑顔で応対のできる力量のようなものを持つことを、私に対して根気よく反復して教え悟しているのかもしれない……。

まい朝の新聞

まい朝、〝はちのす〟で一番最初に新聞を見る（読むでなく）のは、平がなで自分の名前も書くことのできない市野である。

スポーツ欄を開いた市野は、周りにいる仲間の寮生や私たちに聞こえよがしに「きのうのキョジン×チューニチは、五対二でキョジンがカッタな……。オー（王）がまたホームランを打ったか……、やっぱりキョジンはツヨイな……」

これが市野の、一日の始まりのデモンストレーションである。日課となっているので、だれも市野のそうした声に耳を貸そうともしないが、じつは、市野がそうしたデモンストレーションをするためには、市野なりの事前の準備がしてあるのである。

市野は毎朝、顔を洗うよりもなによりも前に羽田か秋夫をつかまえて、「オイ、きのうのヤキューはどちらがカッタか……」と、まったく威圧的に情報を収集するのである。市野が新聞を開いて人に聞こえよがしに、新聞を読む？（見る）のは、ただ収集した情報を反復するだけである。

そんなときに、私が意地悪く「市野、そうしたら大洋×広島戦はどうだった」などと、聞くと、市野は笑顔でゴマカシて

「ジブンでシンブンをヨメバわかるよ」と言って、新聞を差し出すのである。市野は知らないということを言わない男であるし、また〃はちのす〃一番の情報屋（?）でもある。

日常生活の中で私が寮生たちの生活を直接に見ていなくても、市野からの情報だけで、「だれだれがなにをしている」「だれだれがなんと言っている」などと、詳細に把握できるほどである。ただし市野自身の悪事のようなことは、見事に尻尾を出さないで、見逃すことが多い。

市野は〃はちのす〃の寮生の中では、知能指数の面だけではいちばん低い立場にあり、また難聴障害（市野の後ろからふつうに言葉をかけても、まったく聴きとれない程度）までも持っているのだが、市野の様子を見ていると、市野自体が自分の持つ障害を完全に自覚して、その不利な条件を補い、なおかつその短所を長所に変えようと努力している様子が、ありありとう

かがえる。

私がときどき意地悪く市野に自分の氏名を書くように言うと、

「どうしてオレがナマエをかかなければいけないのだ。（私を指して）オジサンがかけばいいよ。字をかくのは、字をしっているモノがかけばいいよ……」

と、すました顔をして答え返すのである。

市野は日頃、次のようなことを堂々と口にするのである。

「オレはバカではないぞ、アタマがすこしワルイだけだぞ……」

と、これは私が〝精神薄弱者〟と記すのを、あえて、〝精神薄弱という条件を持つ者〟と記す意図を、市野のそうした自己主張が、明らかに実証してくれているようにも思うのである。

施設離れ

十八年前の寮生たちとの生活を始めた頃は、寮生たちを叱る場合に、悪いことではあったが、

「施設へ戻すぞ」という効果的な言葉を使って叱った。

それが、いちばん最後に〝はちのす〟へ仲間入りした羽田には、まったく効果のない言葉となっていた。

〝はちのす〟の生活を始めた昭和三十八年から十年ほどの間に、精神薄弱児収容施設の内容が、いろいろな意味でまったく変貌したのである。五年ほど前に施設から引き取った羽田は、この変貌した後の施設の様子を体験していたが、他の者にはまったくわからなかった。

羽田に「施設へ戻すぞ……」と言っても、羽田は「いいよ、オレ……シセツのほうがスキよ」と答える。

それはそのはずである。現在の施設の多くは、冷暖房完備、食事は栄養士による配慮がゆきとどき、日常生活の中には若い女性の保母さんなどとの温かいふれあいがある。夏はプールで水遊び、海水浴にも行くことができ、毎年のように招待でサーカス・相撲・歌謡ショーなどと、一年に数回のレジャーを楽しむ機会も多い。

乳児期から施設生活を送り家庭生活の味をしらない羽田にしてみれば、そうした施設は管理化されているとは言え、完全に生活を保障された楽園である。

羽田が完全に施設離れをしたのは、つい最近である。羽田の施設離れを区切りとして、その前後の違いを考えてみると、次のような変化があったような気がする。

たとえば、羽田が疲れていると思えるようなときに「きょうは仕事を休むように」と、言い聞かせると、以前はただ仕事が休めるのがうれしくて「ウン」と答えて、笑顔を見せていたが、その後は、「オレがシゴトをヤスムと、オレのシゴト……、コーバでダレがヤルのかな……」と、自分が仕事を休むことで職場の状況までも考えるような返事に変わってきた。

これは、羽田が職場の中での自己の存在を確認することのできた成長の表われであると思う。また羽田は、日曜日には小遣いを持って街へ遊びに出かけるという〝はちのす〟の休日慣例に対して、たとえ小遣いを持っていても「きょうは街へ遊びに行かないよ」と言って、自分の意志による行動ができるようになった。これも、一つの〝施設離れ〟から出てきた成果とも思われる。

羽田が施設離れに長い日時を必要とした事実は、施設のあり方の是非を問うものであり、そのどちらを良しとするかということはいちがいに言い切ることはできない。

社会福祉という問題は、良しとする行為の中からも、また新しい矛盾が発生する可能性があって、なかなか奥深い問題なのである。

大人になったら

どの寮生にしても、その成長はスバラシイものが見られるが、とくに、堀の場合は、それを自負しているだけに、またスバラシイものである。

以前の堀は一ヵ月に一、二度はわけもわからないことで「おもしろくない」と言って、職場ではむろん、〝はちのす〟でも口を貝のようにつぐんで、二、三日はいっさい口をきかないでいることがあった。堀がスネたらテコでも動かない……というものであった。その上、なお、一年に一、二度は、これも理由がわからないまま突然、〝はちのす〟から姿を消し、四、五日すると、しかたがないような顔をして帰ってくるものの、いつもの状態にもどるのに半月ほどかかるようなこともあった。

しかしここ三、四年前から、そうしたことがまったくなくなった。

それに関して堀氏（現在三十七歳・不安定な生活は三十三、四歳まで続いたことになる）は、外人なみのゼスチァーで身ぶりよろしく、彼独特の熱弁で次のように説明をするのである。

「むかしは子どもだったわけ……、わかる?……。子どもはあまり人の言うことを聞かないのでゴンカを言うの……。

子どもはよく泣くだろう……、子どもはわからないわけ……、頭で考えないから……。

わかる!?……。

大人は頭で考えるわけ……、いいか……わるいか……を。

オレも大人になったわけ……、ソンか……、トクか……、考えるわけ……。

コーバでもオレがシゴトをすればコーバがモーカルわけ……。そうしたらオレもトクをするわけ……。

わかる!?……。

コーバでオレが花井君（同じ職場で働いている人）の言うことをきくわけ……、そうしたら花井君はオレにナンデカを（いろいろ）オゴッテクレルの……。

リョウホウがトクするわけ……、二人とも大人だからアタマで考えるわけね……。

わかる!?……。

ミンナ（寮生たちの中には）、おじさん（私）にシカラレルでしょ……。

アタマで考えないから、おじさんにシカラレルの……。

わかる!?……。ハハハ……」

理解できるようなできないような話だが、これを、自信ありげな堀の生の声で伝えることができないのが残念である。

〝はちのす〟の今後

よく人から「十八年間も大変なお仕事を続けてこられて、その間の、心の支えとされてきたものは何ですか?」と、問われることがある。それに答えて、

「さあ、別にこれといったものはなかったですね。正直言って、始めてしまって止めるに止められず、仕方なしに続けていますよ……。寮生たちにしても、身寄りがなくて行くところがないから、仕方なしに〝はちのす〟にいるんだと思いますよ……」

するとある人は、こうした私の答え方が、まるで苦難の道を切り開いて悟りを開いた者が、淡々と自分の立場を説明しているように受け取るのだ。

しかし、たいていの人は、私から、何かはっきりした信条のようなものが聞けると期待していただけに、失望されることが多い。

実際は言葉どおりであるのだが、そういう人たちはたいてい、〝はちのす〟の存在そのものを現状の社会福祉事業の一端と見ているので、社会福祉的な事業につきものの〝献身と努力と美しい人間性〟などのたぐいの言葉を使わないと、なかなか納得してもらえないようである。

なお続けて「〝はちのす〟の将来には、発展的な解消の道しかありません……」という私の言葉を聞くと、さらに納得してもらえないことになる。

むろん具体的に〝はちのす〟が、どのような発展的な解消をしてゆくか……と、いうことになると、いま少し〝はちのす〟の現状に関する具体的な説明が必要だと思う。

現在の〝はちのす〟には、寮生たちの代弁者としての委員会のメンバーの合意によって、三つの柱となる分野が確立されつつあるのである。

その前に、〝はちのす〟委員会の設立と、その経緯を説明しなくてはならない。

任意団体ではあっても、委員会の合意によって社会福祉集団〝はちのす〟を設立するまでの十数年間は、〝はちのす〟に関するすべてのことを、私個人の判断によって左右しなければならなかった。そうした立場で私が痛切に感じたのは、具体的に自己意志表示のできにくい寮生たち個々の些細な問題や行動までも、私だけの判断によって左右しなければならないという責任の重さだった。

普通、複数による人の集団は、その運営を個々の合意によって決定し、持続していくのが常識である。それゆえに、私は自分のまったく単純な個人の意志だけで、自分の意のままに寮生たちを動かしているのではないかという疑問を抱くようになった。そこで自分以外の人たちにも寮生たちの代弁者になってもらう必要性を痛感し、委員会設立への運びとなった。

幸いに、それまでの〝はちのす〟の生活の積み重ねによって、多くの人たちとのかかわりを持つことができていたので、それらの人たちに呼びかけて、委員会のメンバーになっていただき、〝はちのす〟運営委員会設立が実現したのである。

〝はちのす〟委員会は、寮生に人間的な理解を持ち、なおかつ時間的にも距離的にも、都合のよい人が中心になって構成され、その他たくさんの不定期的なメンバーによって支えられている。

隔月に一回開かれる委員会は、個々のメンバーが寮生たちの代弁者であるという基本的な姿勢を貫いているために、形式的な堅苦しいものではなくて、雑談の中で、結論を急がずに対話の積み重ねによって〝はちのす〟の運営や個々の寮生の問題などを検討してゆくのである。

熱心に仕事中

たとえば一人の寮生が右か左か選択を必要とするという小さな日常的な問題にしても、どれがいいという結論を出すのではなくて、本当にいいのだろうか……というような疑問を前提とした検討から始めるのである。したがって、まったく別な設定をはさむ場合も多く、問題の是非を選択するのではなくて、問題そのものをバラバラに解体して、その上で組み立ててゆくというような方法である。

どうしてそのような、問題そのものの立て方から検討し直すようなことをするかというと、それが、それぞれの寮生という一人の人間にかかわる問題だからである。

〝はちのす〟の運営に関してもそうした方法をとるのだから、〝はちのす〟には決められたことを守り通すという体質はなく、やはり、一度決めたことが本当に正しいのか……というような、常に疑問との葛藤をしている場のようなものである。

その中から生まれた〝はちのす〟の三つの柱のうち、まず一つめは、〝はちのす〟の寮生たちの日常生活の場としての〝寮〟の運営充実である。

二つめは、自然環境に恵まれた〝はちのす〟の場所を使って九年間行ってきた、心身などに障害を持った人たちを中心とした〝憩いの場〟としての〝はちのすキャンプ場〟を発展、充実させることである。

三つめは、〝はちのすキャンプ場〟をも含めた〝はちのす〟の運営に欠かすことのできない、教材の粘土や陶器などを製造販売している〝はちのす〟のサイドビジネスの拡充である。

寮生たちの日常生活の場である〝寮〟に関しては、まがりなりにもこれまで十八年間も持続させてきたのだから、今後もさほど問題もなく持続させていくことはできると思う。

問題となるのは、常に個々の寮生たちの〝はちのす〟からの発展的な巣立ちを考えつつも、やはり寮生たちの老後の問題である。

これまで、個々の寮生たちが常に日々、収入の六〇％で生活を維持していけるように私は心がけてきた。現在、ほとんどの寮生はそれが可能な状態にある。しかし、それは、労働能力の低い二、三の寮生には大変なことである。そうした二、三の寮生には、残業をしてでもそうした状態に近づくことを推めてきた。

なぜそうしたことを寮生たちに強いてきたかというと、寮生たちの老後に対する経済的な問題が、そうすることによって自己防衛が成り立つからである。というのは、個々の寮生たちはそれぞれに雇用関係に伴う社会保険の適応を受けているので、最悪の場合、労働ができなくなった状態を迎えたとしても、その時点の収入の六〇％は社会保険の適用によって確保することができるからである。

苦しい立場での生活の知恵であるが、いささか惨めな気がしないでもない。

寮生たちの老後問題は、経済的な面だけではなくて、生活環境面での配慮のほうが大きな問題となると思う。

そうしたことに関しては〝はちのす〟の三本の柱の相互関係の中で、事前計画としてその方法を以下に示してみたい。

九年間持続させてきた〝はちのすキャンプ場〟は、心身などに障害を持った人たちを中心とした憩いの場としての主旨を、社会のあり方ともしていかなければならないということが、多くの利用者によって、相互に確認できるまでに発展してきた。そして多くの利用者から、〝はちのすキャンプ場〟の将来の青写真として、次のような構想が浮び上がってきた。

それは、主な利用者である地域の在宅障害児・者家庭が、〝はちのすキャンプ場〟を、日常生活に必要な一時利用施設として利用できるように発展させることである。法で言う緊急一時保護施設は、その緊急を事前に予測して申し込みしなければならないような滑稽な手続きが必要であるが〝はちのすキャンプ場〟を利用するにあたっては、そのような有名無実な形式は必要としない。利用者はいつも利用したいときに、自分たちの別荘のような気楽な気持ちで利用することができるようにする。こういった一時利用施設は、在宅障害児・者家庭の日常生活に、絶対に必要となるのだ。

もう一本の〝はちのす〟の柱である〝はちのす〟のサイドビジネスに関することであるが、前記したように教材用の粘土の製造販売は地域の小・中学校の協力によって、私が個人で行っていた頃から、もう二十年以上も続いているものだから、細々ながらも安定したものである。

一方、寮生たちが、彼らの職場で製造されている陶器に絵を描いて作っている〝はちのす〟の陶器に関しても、〝はちのす〟の将来的な夢の実現を託している。それは将来、〝はちのす〟の寮生たちが、複雑な雇用関係から離れたところで、純粋に生産活動の中でものを創り出す喜びを味わいつつ、個々の寮生の生きざしを高めてゆく場を作り出すためのきっかけにしようという、大きな目的を持っているからである。

現にその夢は、実現の一歩をすでに踏み出している。

三年ほど前から、現在の〝はちのす〟の所在地から車で五分ほどの所に、ささやかではあるが〝はちのす陶房〟なるものを持った。その陶房に一昨年から三浦さん一家が定住されている。三浦さんは〝はちのす委員会〟のメンバーの一人であるとともに、〝はちのす陶房〟の留守番をしながら、三浦さん個人として、〝はちのす陶房〟と同じ敷地内に〝はちのす工房〟なるものを持って、〝人と土との交流〟ということを基本姿勢として夫婦でやきもの作りに専念している。三浦さんの〝はちのす工房〟と〝はちのす〟の現時点での関係は、共に、〝はちのす〟という名称を使うことだけを接点として、各自が個々の立場で励んでいるが、将来は寮生たちの生産活動の場としての〝はちのす陶房〟を盛り立ててゆければということである。

平たく言えば三浦さんの〝はちのす工房〟は、寮生をも含めた〝はちのす〟全体にとって、親戚のような存在である。

もう一人、二年半ほど前から〝はちのす〟の中で生活を共にしている水野君という青年がいる。彼は学生時代から〝はちのすキャンプ場〟の中心人物として〝はちのす〟とかかわりを持って来た人であり、自分の将来の進路をすでに社会福祉の分野と決め、とくに幼児期の障害児の家庭をも含めた家族ぐるみの療育的なケースを対象とした分野にかかわりを持っていくことを目標としている。

その準備期間として、今〝はちのす〟で生活をしているのだが、水野君の〝はちのす〟での存在は、寮生たちのよき友であり、私には、それが一時的であろうとなかろうと、よき協力者である。

水野君の目ざしている道と、〝はちのす〟の現状の中には具体的な接点はないのかもしれないが、〝はちのすキャンプ場〟の将来的な展望の中には目的を同じくするものがあるだろうし、水野君の立場がどう変わろうと、水野君が〝はちのす〟委員会のメンバーの一員として可能なかぎり〝はちのす〟とのかかわりを続けてもらうことは期待できるものだと思う。

最後になってしまったが、〝はちのす〟の寮生たちの老後の生活環境に関する課題であるが、寮生たちが老後であろうとなかろうと、常に必要として求めているのは人との〝ふれあい〟だろうと思う。

そうした意味では、〝はちのす〟はすでにその充実の兆しを見せている。

それは、〝はちのす陶房〟の一歩の中にも、〝はちのすキャンプ場〟の方向づけとその確認の中にも見出されるし、また三浦さんや水野君や〝はちのす〟委員会のメンバーの人たち、〝はちのすキャンプ場〟を利用する人たちなどを中心として、〝はちのす〟という場が拡大され、また今後も拡大されてゆく可能性の中にも見出される。そうした多くの人たちとの〝ふれあい〟こそが、寮生たちの将来を保障するものだと思う。

〝はちのす〟の発展的な解消とは、十名の寮生と私の家族によって始まったこの小さな生活集団が、社会的に不利な立場にある人たちを中心としてゆこうという共通の接点を持った人たちで構成される新しい〝はちのす〟の中へ、いつの日か吸収解体されて、一人ひとりの寮生たちの存在が、〝はちのす〟という人の集まりの中の一人の人間になってゆくことだと思う。

また〝はちのす〟の今後は、寮生たちの生活の場としての〝はちのす〟の解体と同じように、〝はちのすキャンプ場〟を通し、〝はちのす陶房〟を通して、まったくの地域社会の中へ混合してゆかなければならない。

そうしたいつの日か、地域社会の〝はちのす〟というなんでもない一つの場に、精神薄弱という条件を持つ者もいますと、寮生たちの所在を自然のままに説明できるようにしてゆきたい。

〃はちのす〃を出ていった寮生

Aが〃はちのす〃を飛び出してしまった。昨日のことのようであったのに、あれからはや一年になろうとしている。私たちにとっては、一つの大事件であり、ある意味では起こるべくして起きた〃はちのす〃の恥部でもある。しかし、ここで、Aに関することを、あえて書こうと思いたったのは、〃はちのす〃のもつ欠陥をさらして本書に記すことこそが、私たちの当面してきた問題を理解してもらうのに早道だと気づいたからである。

Aが〃はちのす〃を飛び出したのは、別に初めてのことではなくて、これまでの八年間に何回となくあったことではある。今回は、そうした過去の繰り返しの積み重ねが、堰を切って一気に流れ出たようなものであり、また、いつかは来るだろう、と予測できたことであった。予測できていたことを防げないということこそが、〃はちのす〃の欠陥そのものであるかもしれない。

Aに関することを語るには、Aが〃はちのす〃に来る前のことから説明しなくてはならない。

軽度の精神薄弱という条件を持つAは、三人兄弟の二男として生まれ、八歳のときに両親が離婚、兄と弟は父親と、Aは母親と祖母との生活だった。母親と祖母が相続いて死亡、Aは小学校六年のときに精神薄弱児収容施設に収容され、その後、児の施設から者の施設に移る。

性格はまったく自己中心的で、不信感が強く妥協性がなく、その上にテンカン発作がある。また収集癖が強くて、それに伴い軽い盗癖行為もみられる。

このように記すと、Aは、まったくどうしようもない最悪の条件ばかり持ち合わせているようだが、たしかにそうではないとは言いきれない一面もあるけれども、反面では、まったく自由な生活環境条件の中では、快活で、嬉々としていて、骨身を惜しまず物事に熱中することがある。Aが〝はちのす〟で生活を始めた当初がそうであった。

〝はちのす〟以前のAの施設生活は長かった。その原因はAにテンカン発作と夜尿症があったことと、性格的な面からまったく社会性が見られず、施設内の生活態度も粗暴であったためである。

Aの施設生活でのいちばんの不満は、A自身が自分よりもすべての面で劣ると思いこんでいる仲間が、次々と就職をして施設から出てゆくのに、自分にはそうした機会が来ないことであった。

施設側は、就職前提の問題として、Aの生活態度の指導に当たったが、Aにはそうしたことが自分に対する圧力的なものであるとしか受け取ることができず、それが悪循環のようなものとなり、Aは施設内でますます孤立的な存在となっていた。

そんなAを〝はちのす〟へ引き取ることになったのは、施設と〝はちのす〟の話し合いの上で行なった、まったく結果を予測できない試験的な実習からであった。

四ヵ月の実習の結果、Aに、〝はちのす〟での生活を強く求める願望が見られたが、同時に、夜尿行為に対する強い劣等感と、他から干渉されることに対する強い拒否態度があることも確認できた。

しかし、Aにはいろいろと問題はあったとしてもそれなりの労働能力もあるし、何よりもA自身が施設生活より〝はちのす〟での生活を求めていることからして、その時点でのAの生活の場は〝はちのす〟が適しているのではないか、という判断がなされ、〝はちのす〟へAを迎え入れることになった。

Aが〝はちのす〟を自分の生活の場であることを自覚した上での〝はちのす〟での生活は、まさに〝水を得た魚〟と言えるものであった。

一年ほどで、いろいろな配慮もあって夜尿とテンカン発作もなくなり、全然問題が無かったというわけではなかったが、とにかくAの平穏な生活が三年ほど続いた。その三年はAにしてみれば新しい喜びの体験の積み重ねであり、その中に没頭できるものであった。

しかしまたその間に、Aは自分の置かれている立場と自分とは直接に関係のない状況や立場との対比をするようになった。自己中心的なAの心の中に、新しい願望が出はじめてきた。「〝はちのす〟の生活よりも、こうした生活がいい」とか、「そんなことをするよりも、こんなこと（自分が見聞して知ったこと）のほうがいい」とか、「自分はいいのだが、人が悪い」などという発想をもって、まったく日常的にはどちらでもいいようなことにまでも、自己主張し、その結果を求めるようになった。だんだんと〝はちのす〟を否定する行動が多くなった。しかしそのつど、〝はちのす〟以外のAの知人である同じ職場に働く人たちや地域の人たちの、Aに対する相談相手的な忠告による仲介行為によって、その場かぎりではあったが、Aの一方的な思考判断による行為を事前に防御することができた。しかしAは、そうした仲介的な立場に立ってもらった人に対しては、二度と心の扉を開くことはなく、自ら対人関係の範囲を狭めていった。

したがって今回のAの〝はちのす〟離れは、仲介してもらうのに適当な人がいなくなったという事情もあり、A自身の高揚した一方的な自主行動を抑えることはできず、ただ、どうにもならないAと〝はちのす〟の関係だけを残す結果になった。

後日、Aがたどりついたと思われる名古屋市内のある飲食店から電話があった。その電話の内容では〝はちのす〟はまったくの悪人であり、Aはかわいそうな被害者であり、その飲食店が、ある日、突然に現れたAの救世主というわけであった。

それはAの逞しい生活の知恵のなせる技であって、その電話の内容のあやまりを正すことは、Aのせっかく切り開いた新しい道を閉ざすことになる、と、私はこちらの事情を説明する言葉をのみこんだ。ただ、その結果がAに幸いすることを願うのみであった。


Aが〝はちのす〟を出て一ヵ月ほど過ぎると、Aからときどき電話がかかるようになった。

その電話の内容は、そのときそのときでまちまちであった。

冒頭に「おじさん？ ボクA……」と、話してくるときには「今はどんな仕事をしている」とか、「いつどこどこへ遊びに行った」とか「何々をいくらで買った」などと、自慢げにそんな話を一方的に私に並べたてるのである。

「モシモシ……」とだけ憂うつそうな声で言って、こちらが「Aか」と言っても、しばらく次の言葉が出てこないときは、職場に対する不満やら、同じ職場に働いている人たちとのトラブルやら、別な職場へ転職したいなどの、Ａ特有の妥協性のない一方的な自己主張による、Ａのゆきづまり（？）の相談電話である。

ただし相談電話だと言っても、こちらのＡに対するアドバイスのようなものを聞こうとするものではなくて、やはり自己主張による正当化を一方的に訴えるのみである。

そんなことが三ヵ月ほど続くと、Ａからの電話のほとんどが「モシモシ……」の方になってしまった。

私はいささか心配になったので、Ａの勤めた店へ出かけていった。そこでたずねてみると、Ａの生活態度は、Ａの〝はちのす〟以前の施設での生活態度や〝はちのす〟での生活態度の悪い面ばかりが、そのままに出ていた。

幸いにＡの雇用主がＡのありのままの生活態度を知った上で、なおかつＡをなんとかしたい、という理解があったので、雇用主と〝はちのす〟がおたがいに今後のＡに対処する基本姿勢を確認して、Ａの様子を見ることになった。

Ａが〝はちのす〟を飛び出してから、もう一年が過ぎた。それでも毎週必ず一回は例の「おじさん？ ボクＡ……」と「モシモシ……」の二種類のどちらかの電話がＡからかかってくる。

Ａからの電話に対するこちらの応答は、相談相手というようなＡに満足を与えるようなものではない。あるときはAの主張をののしり、あるときは剣もほろろに叱咤するものである。

そうしたAに対する私の態度を、その上にこんな説明をするのも非常識だが、これだけ叱りののしられても、よくもまあこりずに電話をしてくるものだ……と、Aの執念というのかバイタリティのようなものに、さすがの私もたじたじというようなものである。

私がAの立場を配慮することは、いつの電話のときにも最後に「とにかく、ガンバラなくてはしかたがないじゃあないか」とか「なんでもいいからモンクを言わずに、いっしょうけんめいに働けよ」と、これも叱咤罵声で言葉をかけてやることだけである。

Aからの電話の中にときどきこんな会話がある。

「モシモシ……」

「なんだAか。どうしたのだ」

「……」

「なにも話すことのないのに電話をしたのか」

「……仕事がいやになった……」

「仕事がいやになったから、どうしたというのだ」

「……仕事が替わりたいもん……」

「おまえはおじさんが、〝はちのす〟でしんぼうしなければいけないと言っても、〝はちのす〟がいやで飛び出したのだろ。そんな〝はちのす〟へ仕事が替わりたいなどと相談をしても、どうしようもないじゃないか。

それとも、もういちど〝はちのす〟へ帰って来るのか……」

「……〝はちのす〟なんかイヤだ……」

「〝はちのす〟へ来ればおまえの仕事をさがしてやらなければいけないが、〝はちのす〟へ来ないのにどうしようもないじゃないか」

「……」

「なんでもいいから、店長さんの言うことをよくきいて、いっしょうけんめいに仕事をしろよ。それしかないぞ」

ガチャン。Aとの会話をこちらから一方的に切ってしまう。

Aに対して〝はちのす〟とは、どんな存在なのだろうか……。一つにはダイヤルを回せば結果はどうあれ言葉をかわすことのできる、唯一の電話相手的な存在である。当然に〝はちのす〟としてもAに対して、それだけのことしかできない存在でしかない。

Aの言う「〝はちのす〟はイヤダ……」という〝はちのす〟は、いったい、なんだろうか。それは、たびたび〝はちのす〟自体が反省している、〝はちのす〟が特定な条件を持つ者ばかりを集めた、不自然な人口集団であることに外ならないし、それがAに対しては耐えられない屈辱のようなものであったのである。

現にAが〝はちのす〟を飛びだすときに、他の寮生たちに「オレは、こんなバカばかりのいる所にはいたくない」と、捨ぜりふを残していったそうである。

それに対する他の寮生たちのAに対する受け答えも強かったらしい。

「おまえのようなバカが〝はちのす〟からいなくなったら、〝はちのす〟には一人もバカがいなくなるよ」と……。

Aが電話をする相手としてだけの〝はちのす〟。それが本当の寮生たちが必要として求めている〝はちのす〟の姿かもしれない。

以前に一時期〝はちのす〟にいたことのあるBとCは、そうした点ではうまく〝はちのす〟を利用している。二人が〝はちのす〟を訪ねるのは必ず月末の土曜日である。その理由は二人とも給料前で小遣いもなくどうしようもないので、〝はちのす〟を食事付の無料宿泊所として利用するのである。

その上に二人の図々しいことといったら、ときどき帰りがけに「帰りのバス賃がないから貸してもらいたい」とか、「こんど〝はちのす〟に来るときに返すから数千円貸してもらえないかな」などと、涼しい顔をして言うのである。

いくらお人よしでもそこまでは二人のお役（?）に立つことができないので「おまえたち、ただでメシをくって泊まっておきながら、帰りに金を貸してくれでは、図々しすぎるよ。これから〝はちのす〟へ来て泊まるときには千円ずつ取るから、必ず千円持って来い」と、ひと言いってやるのである。

二人なりに気がひけるのか、すこしの間〝はちのす〟から二人は遠のくのだが、すぐまた〝はちのす〟の来客（?）となる。もちろん無料宿泊者である。

そんなときにも、私は、寮生たちになんの拘束も感じさせることもなく、個々の寮生たちが本当に必要として個々の意志で利用することのできる〝はちのす〟とは……と、思い考えるのである。

おわりに

この本を書き終えて文筆無才のいたらなさもさることながら、〝社会福祉〟という問題があまりにも幅広く奥深い問題であるために、十分書き尽くすことができたかどうか不安であるが、このあとがきを借りていま一度全体の補足と要約をしてみたいと思う。

結論的に言うと社会福祉問題が幅広く奥深い問題であるということは、社会福祉行為が社会全体の中へ完全に浸透し定着しなければならないということである。社会福祉は、やはり完全でない社会体制を補う上で必要なことである。

しかし、社会全体が主であり社会福祉が従であるというものでもなく、それかと言って社会福祉が主で、社会全体が従というようなものでもないように思う。

その相互関係というものは、たとえ方が適切ではないかもしれないが、平たく言えば、ちょうど〝さしみ〟と〝醤油〟、〝食べもの〟と〝塩〟のような相互関係ではないかと思うのである。

それはどちらがどちらということではなくて、相互の融和によって〝味〟というものが生みだされるように、多様な立場や条件にある人間が連帯することによって、一人の人間として生きてゆく上での人間社会を充実させてゆくようなものではないかと思う。

心身などに障害を持った人たちの立場や条件を理解しようと努めることは、自分自身を培ってゆくことにもなるのだが、危険なことは、心身などに障害を持った人たちの立場や条件を理解したかのように錯覚をしてしまうことである。それは、〝醤油〟だけをなめて、「これが〝さしみ〟の味である」と自負するような愚かで滑稽なことであり、〝塩味〟のない〝食べもの〟を口にするような味けないことでもあるように思う。

人間お互いに心身などに障害を持とうと持つまいと、人を理解しようと献身的に努めることに自己の存在意義があり、心身などに障害を持つ人たちに対して、その人たちの個々の存在を社会的に保障してゆくことは社会責任であるのだが、その人たちの存在を社会的な制度によって一方的に拘束保護してゆくことは社会的な罪悪でしかない。

人間の〝からだ〟は常時塩分の摂取が必要であるとして、塩分さえ与えれば……というような管理的な社会福祉施策ではなく、また〝さしみ〟は御馳走だからとして〝醤油〟を添える配慮のないままにお膳に出してすすめるような、心身などに障害を持つ人たちに対する奉仕活動のようなものであってはならない。

やはり、〝さしみ〟と〝醤油〟・〝食べもの〟と〝塩味〟というような、お互いに異なる条件や立場にある人間同士の相互連帯によって醸しだされるような〝味〟によって共存してゆくことこそが、本当の人間社会の姿ではないかと思うのである。

どのような思想背景による社会体制であったとしても、心身などに障害を持った人たちの存在は現実としてあたりまえなことであるし、そうした人たちの存在事実に対する社会的な位置づけは、その思想背景によって定められるものではなくて、その人たちの存在を保障するという現実のみによって定められるのである。

心身などに障害を持つ人たちに対する存在の保障というものは、ただ単に制度的経済的なもののみでは成り立つものではなくて、やはり人と人との〝ふれあい〟のようなものが並行してゆかなければ意味のないものである。

そうした意味からしても、必要不可欠なものは重ねて言うようだが、人と人との連帯が醸しだす〝味〟のようなものではないだろうか……。

心身などに障害を持つ人たちの存在意義のようなものを考えるとき、心身などに障害を持っていない状態にあるものが、その前提として考えなければならないことがある。

心身などに障害を持たないすべての人が、いつどのような時であっても、常に心身などに障害を持つ人たちとまったく同じ状態になり得る資質や状況のようなものを持っていることを、絶対に否定することのできない立場にあるということである。

そうした事実からしても、心身などに障害を持つ人たちと心身などに障害を持たない者の関係は、共存してゆかなければならないと言うよりも、共存してゆくこと自体がしごく当然なことである。

すべての人間が、まったく一人ひとりの人間として、その存在を相互にまったく同じ存在として認めあうことそのものが共存だとして……。

最後に、多様な社会の中で見すごされてしまうような小さな私どもの〝はちのす〟の現実を、前回の『おまえら　ばかか』と『ほうり出されたおれたち』の二冊に続いて、またこの本を出版してくださった風媒社のご配慮と、前回同様に風媒社の皆様方のひとかたならぬご協力によってこの本の誕生をみたことに、心から感謝とお礼を申します。

本当に『アリガトウ　ゴザイマシタ』

江　尻　彰　良

覆《ふ》育《いく》の青春

（一九九四年　初刊）

著 者 近 影

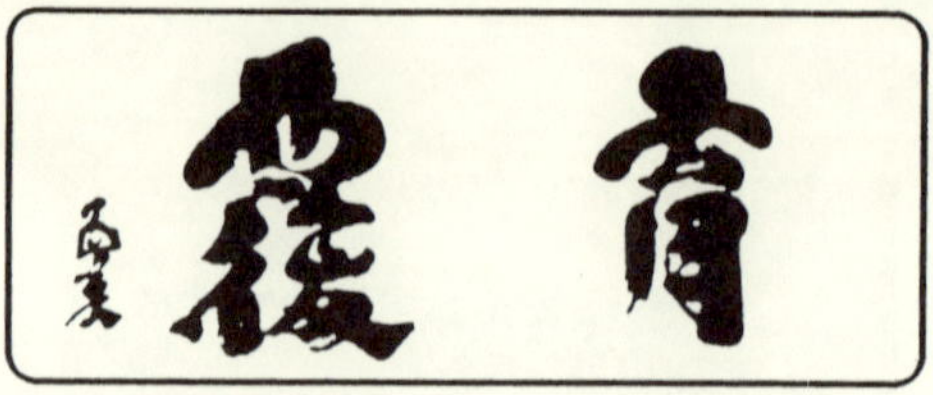

『覆育』という言葉の持つ意味は、人間をはじめとした万物が宇宙的な規模の大自然に、覆い育てられているという意味のようである。

『はちのす』に掲げてある“覆育”の書は、画家の水谷勇夫さんにご寄贈をいただいたものです。水谷さんは、ＮＨＫの大河ドラマ『琉球の風』の題字を書かれた人です。

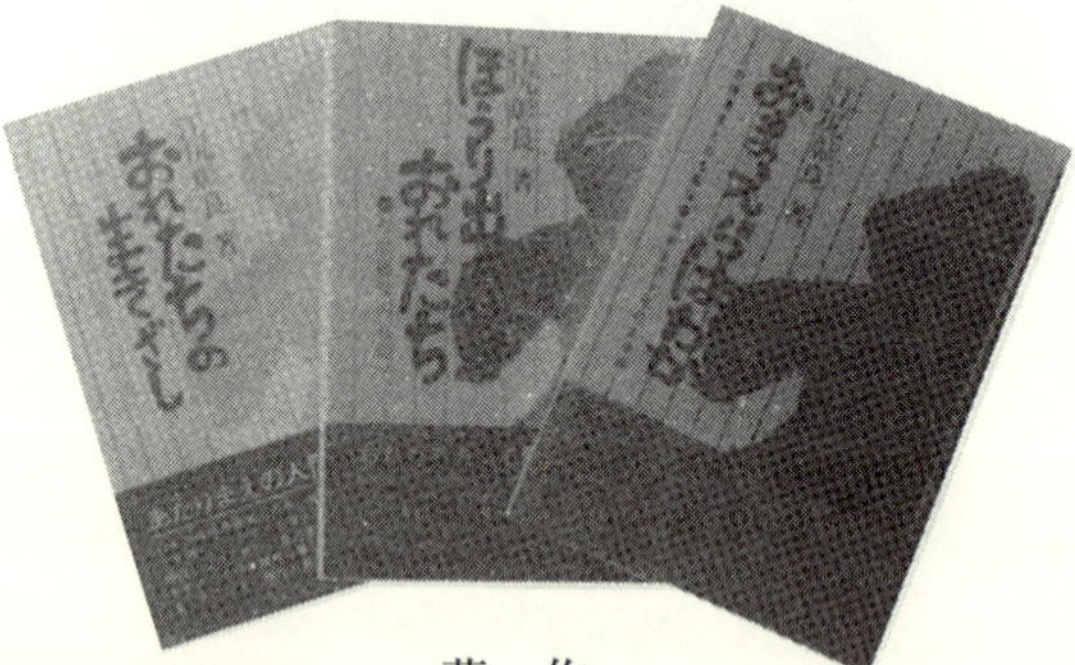

著　作

精薄者福祉、見直しを共生の体験から訴え

瀬戸の江尻さん 三冊目の著書

十八年間にわたって精薄者たちと生活を共にしてきた瀬戸市南白坂町四八、教材粘土販売業、江尻彰良さん(五二)が、その体験をつづった「おれたちの生きざまし」―精神薄弱者たちの明日」(風媒社刊、百七十八ページを出版した。

国際障害者年にもあたり、精薄者たちの実態を知るとともに、真の社会福祉のあり方を見直す著書として関係者らの話題を集めている。

江尻さんは、本業のかたわら精薄児(者)たちとの交流がきっかけとなって三十八年、社会福祉集団「はちのす」寮を自宅敷地内に開設。身寄りのない精薄者たちの親がわりとして日常生活を共に送っている。

現在の寮生は二十三歳から四十五歳までの男性ばかり十人。毎朝、それぞれの職場へ出かけては寮に帰る暮らしを送っており、これまでにも江尻さんの「おまえらばかか」「ほうり出されたおれたち」(共に風媒社刊)と題する二冊の著書がある。

〝生きざし〟とはいわゆる〝生きざま〟の意だが、後者の言葉には憎悪を含んだニュアンスが漂うことから「まなざし」「おもざし」同様、姿や状態を言い表す意味で前者の方が温和で適切という村上英治・元名大教授の提唱に賛同して本の題名に利用した、という。

同書は「生活体験から福祉の原点を見る」「はちのす生活の断面」「社会福祉の欠陥」など、六章で構成されている。

1981年10月新聞記事より

堀　正勝の描いた絵

よく、知恵の遅れた人たちの描いた絵に、サブタイトルとして有名な天才画家の再来というような説明のしてあることがあります。

芸術というのは作者の思想表現です。残念なことですが、知恵が遅れているという障害の条件は、そうした思想表現ができないのが現状です。

知恵の遅れた人たちと芸術を無理やりにこじつけるのは、芸術に対する冒とくであるばかりか、知恵の遅れた人たちを正しく理解して、知恵の遅れた人たちと共存してゆくという、本当の社会福祉のあり方にもとるものだと思います。

絵を描く　堀　正勝さん

知恵の遅れた人たちが絵を描いても意味がないというのではありません。稚拙な絵でも、精一杯に描いたという努力のようなものは、芸術とは別なものとして絵に現れてくるようです。

それが、堀　正勝の趣味で描いた絵です。頑なに「お母さんが子どもを守っている絵」しか描かない堀は、女性崇拝者というのか、母性崇拝者です。

また、堀の口癖は「女の人は、優しくて強い」です。

堀は二十年ほど前から、私の妻とこんな約束をしています。

「おばさんは、ボクが死んだら、おばさんにもらったキレイな女の着物を着せてもらって、棺に入れてもらう約束だからな」。時々、楽しそうな口調で確認をするのです。

江尻記

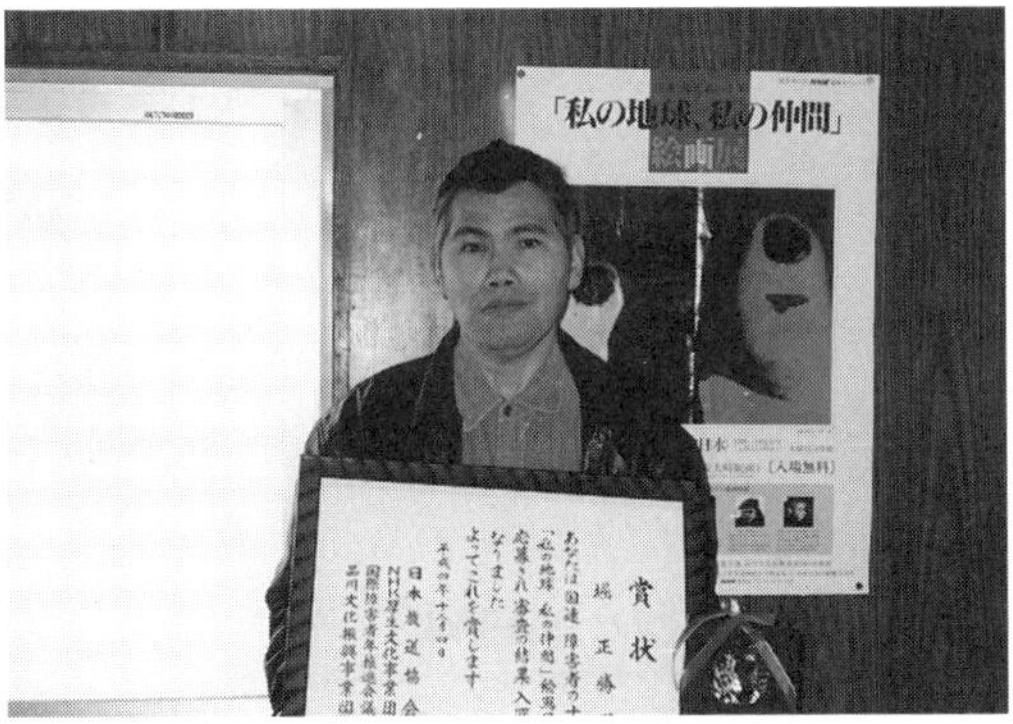

堀　正勝さんの作品は、ＮＨＫ厚生文化事業団の絵のコンクールに入選しました

はじめに

最初にお断りをしておきますが、これは小説ではありません。その理由は当然に、私には小説というようなものを著す文才がないからです。

そんな私がどうして小説的な文書表現でこの拙書を記すかということですが、ある一つの真実を伝えるのに、事実だけを記しても伝えることのできない場合があります。

また、いろいろな立場や事情などによって、真実を事実として伝えることのできないこともあります。

実は私は、三十年ほど前に、当時、中学卒業年齢であった、家族や家庭のない知恵の遅れた若者たち十名ほどを、ある社会福祉施設から引き取って、

知恵が遅れていても、〝**あたりまえな社会の中で……、あたりまえな人たちと同じように……、あたりまえな日常生活を営む……**〟**ことを信条として、なんとかこの三十年間……それを実践してきました。**

そうした私の生活体験は、これまでに『おまえらばかか』『ほうりだされたおれたち』『おれたちの生きざし』（共に風媒社・刊）などとして出版していただく機会に恵まれてきました。

またそうしたことが、知恵の遅れた者たちに対する社会福祉のあり方の一つの実践だとして、関係機関からそれなりの評価も受けてきました。

しかしその三十年の年月を、私なりに改めてジックリと振り返って見ると、それは私の安易な思考判断による勝手に私が良かれとした、三十年を日常生活を共にしてきた彼らに対する拘束と抑圧を強いてきたことにすぎなかったことを痛感したような次第です。

そんな私も含めて、知恵が遅れているという共通の条件を持つのみの人間に対して、教育的に、彼らを一つの場に拘束（特殊学級・様々な社会福祉施設など）することが、本当にいいことと言えるのだろうか……。

私がそうした反省による自己嫌悪に苛まれているときに、坂井さんから「どんなことでもいいから何か書いてもらえないでしょうか？」と、ありがたいご用命をいただきました。

「なのはな文庫」からの出版物は、最初から毎回ご恵贈をいただいているが、これまで出版されたどの本も、障害をもった人たちの内なる思いを知らされて、心が洗われたような読後感を味わせていただいた書籍です。

本当は今までに知っていなければならないはずの大切なことを、知る機会を与えてもらった。それが「なのはな文庫」だと思います。

私が「なのはな文庫」を通して皆様方に知っていただける機会に恵まれて、敢えて文筆無才もかえりみずに創作表現でこの拙文を記すに至った意図を、拙文を事前に補う意味で再記すると、おおよそ次のような次第です。

知恵が遅れていると言われている人たちは実は、共通した無能力という条件を持つ人たちではなくて、知恵が遅れているという条件を持っていても、個々に、それぞれの人がそれなりに自己実現を目指してひたむきに生きぬいているのです。

江　尻　彰　良

ある群像

覆育《ふいく》という言葉の持つ意味は、人間をはじめとした万物すべてが、宇宙的な規模の大自然に覆《おお》い育てられているという意味のようである。

そうした覆育という言葉の意味に感銘して、それを自分の人生の信条としてゆこうと考えている月田正一という男は、すでに六十歳を過ぎた初老の男である。

覆育という見地に立った月田が、月田流に〝人間とは何ぞや？〟と説明すれば、おおよそ次のようなものである。

「大宇宙に覆い育てられている、一人ひとりの人間の生命《いのち》は、あまりにも小さく、あまりにも瞬間的な存在でしかない。いとおしいまでも尊いものである。

そうした意味からすれば、リッパな勲章を胸にして自分は社会的な地位が高いと自負している人たちも、人間社会の一隅で名もなく人生を終える人たちも、宇宙的な大自然に覆い育てられている一人の人間の存在としては、差別や偏見などの介入する必要のない、まったく同じ立場の、個々の人間としての対等な存在である」

と、月田は依怙地なまでに、〝覆育信条〟を主張するのである。

それは月田がそうありたいと思う反面で、月田が自分の人生を振り返る年齢になって、自分の人生が「玉屋～」「鍵屋～」というような打ち上げ花火のような華やかなものではなくて、ある夏のひとときに、小さな子の指に摘まれてほのかな火花を散らした線香花火のようであったことを、月田自身の我の強い性格で「打ち上げ花火も線香花火も、花火は花火なのだ……」と、自分の人生のあり方を正当化しようとする意図も、潜在しているようであった。

そんな月田と〝青春〟というようなことは、まったく無縁なことのように思えるのだが、実はこれまでの月田の人生の中には、青春の群像との直接のかかわりがあった。

月田が直接にかかわりを持った青春群像というのは、あまり一般的には例を見ることのない、精神薄弱者と言われる……知恵の遅れた若者たちばかりで築かれている、おもしろい青春の群像であった。

月田は三十年ほど前から、親のいない知恵の遅れた者ばかり十名ほどを自分の家に引き取って、その彼らとの四六時中の日常生活を共にするという共同生活を始めて、それは今も月田の生活として続けられている。

月田がそうした生活を始めた経緯のようなものは後日の説明として、月田の脳裏にはそうした生活を始めた当初の、いろいろな生活の戸惑いの数々が今もなお鮮明に思い浮かぶのであった。

年勝は実に寛大な日々を過ごしている。人から自分の年齢を聞かれると、「おじさん、ボクの年はいくつだったなぁー」と、そのつど月田に聞き正すのである。

そんな年勝の過去と未来に対する認識は、キョウ《今日》を境として、キノウ《昨日》・キノウ《一昨日》の前のキノウ、その後は新しいムカシと古いムカシ《昔》とに、大まかな分類がされているだけである。

未来？にしても、アシタの次はアシタ《明後日》のアシタ、その先はコンド《今度》のムカシで三日以降、何年、何十年の先々までも全部が統一されてしまっているのである。

そんな年勝が、ある日、月田に

「おじさん、オレも仕事をして働いているのだから、働いた給料で時計が買いたいから……買ってもらえないかな……」

と、無理からぬ要求をした。

とは言っても年勝の賃金収入では、おいそれと時計を買うことはできない。

そこで月田が一計を案じたのは、日めくり暦の二ヵ月ほど先の日のところに時計の絵を描いて、何月の何日では納得をすることのできない年勝に、「この日になったら買ってやるから」と説明をして、しぶしぶながらの年勝を説得した。

その次の日から年勝は、朝起きると月田のところへ日めくり暦を持ってきて、

「おじさん、昨日《きのう》の分を一枚破ってもいいだろ。時計を買う日は、この日だったな……」

と、暦に時計の絵の描いてあるところを月田に示して、楽しそうに笑顔をみせた。

そんな毎朝が十日ほど続いて、月田は年勝が示す日めくり暦の時計の絵を描いてあるところまでの枚数が、やたらと少なくなっていることに気づいた。

月田が調べてみると案の定……、途中の日づけの暦の紙が二十枚ほど破り捨てられてしまっている。

年勝に問い正すと、年勝はバツの悪そうな顔をして、テレ隠しに、

「へへ……」と狡猾な笑いをしながら、

「おじさん……、ボク、時計が早くほしかったから、早く時計を買う日が来るといいな……と思って、おじさんに内証で、日めくりを破ってしまったよ、へへ……。

おじさんにバレたら……もう時計を買う日は、早く来ないのかな……」

地球の回転を自分の力？　で早くしようとする年勝を、月田は、もう叱る気にもなれなかった。年勝の思うように地球は早く回転？　はしなかったが、それでも年勝が待望の時計を手にする日がやって来た。

ところが、待望の時計を手にした年勝がその時計を使おうとする気配がまったく見られない。

「年勝、お前はどうして買った時計を使わないのだ……」

それに答えて、年勝、曰く

「おじさん、アンナに新しくてイイ時計を使ったら、セッカクの時計が古くなってコワしてしまうよ。ボクは、いつまでも新しいイイ時計を持っていたいから、あの時計は使わずに、タイセツにしまっておくよ。

いいだろ、おじさん……」

マジメくさった顔をしてそんな説明をする年勝に、

「ああ……いいだろ」と、苦笑しながら答えた月田は、腹の中で『バカヤロー、勝手にしやがれ……』と、大きな快い罵声を年勝に浴びせかけていた。

文広は、調子のいいときにはゲラゲラと笑ってばかりいるのだが、一つ間違ったらテコでも動かないという頑固者である。

知恵が遅れていて家庭のない者ばかりを集めて、あたりまえな社会の中で、あたりまえな日常生活を営むことを目的とした共同生活を始めた月田には、その責任も大きいものだったが、具体的な運営の経済面にも、様々な苦労があった。

細かいことだが仲間たちの理髪代にしても、節約を考えなければならないほどであった。

そこで月田は、バリカンとハサミを新調して、〝にわか床屋〟を開業した。

さて問題は、無料理髪店の第一号のお客に誰がなるかということである。

仲間たちに呼び掛けたが、誰も応募する気配もない。仕方なしに第一号のお客になる者には、大枚？二百円也のプレミアムをつけることにした。

文広が勇敢にも、申し出てきた。

「おじさん、ホントウに二百円くれるのだな。じゃあ、ボクの頭をおじさんに刈らせてやるよ……」

どうも文広の目的は二百円のプレミアムにあるようである。二百円と言えば、当時の彼らの日曜日の小遣いの二回分である。

文広の目的はともあれ、ここは一番、腕の見せ所であると、月田は文広の凸凹頭に、真剣に初挑戦を試みた。

ところが……、やはり技術というものは一朝一夕にして成るものではない。月田がうまく刈ろうと努力すれば努力するほど、文広のヘアスタイルは無残なものとなってしまった。

いくら二百円の賠償金？を支払うにしても、それだけでは償いきれないようなありさまである。

「文広、へんな頭になってしまったから、おじさんと一緒に床屋さんに行って、おじさんが床屋さんに話をしてやるから、刈り直してもらおうや。

さあ、帽子を被って、おじさんと、床屋さんに行こう……」

文広はそれに答えようともせずに、鏡に写した自分の頭を撫で回し、しばらくして突然に、

「ハハ……、おじさん、ボク、コレデイイヨ。約束のお金だけくれれば、ボクは本当にコレデイイヨ」

ひどい調髪の結果に、なんの抵抗も感じない様子の文広の態度に、月田は自分が文広に対する加害者的な立場であることも忘れて、

「そんな頭をしていると人に笑われるから、床屋さんへ行って直してもらわなければダメだよ……」

と、威圧的な口調で再度、文広に床屋へ行くことを促した。

それでもなお、文広は鏡に映した自分の頭を撫でながら、ゲラゲラと笑って、

「おじさん、ボク、人に笑われてもヘッチャラだよ。

ボクの頭を見て笑うのは……、おじさんがボクの頭を刈ったのがヘタだから笑うだけだよ……。

ボクが自分でボクの頭を刈ったのではないから、ボクは人に笑われなくてもいいよ。

ボクも、おじさんの刈ったボクの頭を鏡で見ていると、あまり刈り方がヘタだから、面白くて笑えてくるよ。アハハ……」

とりつく島のないような文広の態度に、月田は文広をなだめすかしたりの悪戦苦闘の末に、なんとか文広を理髪店に連行?することができて、〝にわか床屋〟の茶番劇を、一件落着させることができた。

その後も文広は時々……、

「おじさん、二百円でボクの頭を刈らせてあげようか」

と、月田をからかうようにして、ゲラゲラと笑うのであった。

余談ではあるが、〝にわか床屋〟の一件があってから、文広を連れて行った近所の理髪店のご主人から、みんなの調髪を団体割引?の格安料金で、特別に引き受けていただけるという、

ありがたい申し出をいただくことができた。

日めくり暦の途中の部分を破り捨てて、目的の日が早く来るように努力？する年勝……。自分のヘアスタイルがヘンな様相になっても、それは調髪をした者の責任？であると、自分の様相を気にすることもなく、涼しい顔をしている文広……。

そうした彼らの言動行為は、知恵の遅れた者たちの単純な思考判断による、落語のネタのようなものであると言ってしまえば、それまでのことである。

しかしそうした言動行為が、知恵の遅れた者なりの思考判断によるものであることを、改めて確認して、その結果としての彼らの言動行為であることを再考してみると、それは知恵が遅れていないと自負？している月田自身の思考判断によるさまざまな言動行為と、本質的にはまったく変わるものではないことに、月田は気がついた。

それればかりか、彼らの場合の方が、むしろ純粋なまでに事の本質を指摘しているようにも思った。

年勝の日めくり暦を破り捨てたら目的の日が早く来るかも……という発想にしても、確かに愚かな行為ではあるが、自分の目的のために思考・実践・努力？をするという意味では、年勝の〝生きてゆこう〟という、生命力の一片を表現しているものではないだろうか。

文広の〝にわか床屋〟の一件にしても、依怙地なまでに本音を通すような文広の姿に、月田は、建前ばかりに拘束されているような現代社会の中で、自分が「寄らば大樹の影……」的な生活姿勢をしている面を、文広に、それとなく示唆されたような思いを感じた。

また月田は、共同生活を始めた知恵の遅れた彼らとの〝かかわり〟の積み重ねが、自分自身の人生のあり方の一つとして、まんざら意義のない人生でもないような気もした。

人参の匂い

清は、月田が家庭の無い知恵の遅れた若者たちとの共同生活を始めるキッカケとなった、最初の出会いの、三名の知恵の遅れた若者のうちの一人であった。

もう三十年も前のことだが、当時N市にあった精神薄弱児収容施設に勤めていた月田の友人から、月田の住んでいる陶器の街のS市には、単純作業の多い陶器工場が多くあると聞いたが、どこか知恵の遅れた施設の子を住み込みで雇ってくれる職場はないものだろうか?……。と、月田に問い合わせがあった。

月田は持ち前の安請け合いで、そうした職場を探すことを即座に引き受けてしまった。ところが、案ずるよりも産むがやすしではないが、月田はその日のうちに雇用してもいいという職場も、三カ所も見つけてしまった。

それは月田の努力によるものではなくて、ちょうどその時期が日本経済の高度成長期で、神武・岩戸景気と言われて、弱小企業であるS市の陶器工場でも、猫の手も借りたいというような時期であったためである。

月田の紹介で三カ所の職場に住み込み就職をしたのは、清のほかに春夫と久一を加えた三名であった。

その三名は就職をして三カ月ほどして、それぞれが、それぞれの経緯によって、就職に失敗したのである。

春夫の場合は、住み込み就職をしたという生活環境の変化で、施設生活の中で三年ほど前に治ったと言われていた夜尿《おねしょ》が再発して、雇用主から、

「仕事はまあまあしてくれるのだが、毎日の夜尿の世話は私どもでは無理だし、本人もおねしょをするという劣等感で萎縮してしまって、見ているのも可哀想な様子だから……」

と、解雇されてしまった。

久一の方は、動作がいささか緩慢なために、同じ職場で住み込んで働いている人たちから、生活のリズムが合わず、一緒に生活をするのは嫌だ……と、拒否されてしまった。

雇用主は「久一君がスローテンポでも、それに見合った賃金だけを払えば私の方としては別に問題はないのだが、久一君を辞めさせなければ、以前から住み込みで働いている者たちが辞めるというのでは、困るから……」と、なんだか曖昧な理由で解雇されてしまった。

知恵の遅れている者が、いくら低賃金にしても利益追求を目的とした企業に、日常生活の世話まで求めるのは所詮無理であることを、月田は三人にかかわりを持ったことで、体験として実感した。

また、三人は、就職をしている間に施設の側が措置解除をしてしまい、結局、三人の日常生活は月田が見なければならないことになってしまった。

それが、月田が知恵の遅れた若者たちとの共同生活を始めたキッカケであり、また月田が後日になって人から、そうした生活を始めた動機などを問われたときに、『そこに彼らが居たからです』と、淡々と答えたのも、そうした経緯によるものである。

だが月田にしてもそうした生活を始めるについては、まったく無計画に始めたのではなく、月田は月田なりの将来的な生活持続の確信を持って始めたのである。

社会福祉的な事業が法的な人格を持つことによってのみ、運営されなければならないということは、月田は社会常識として十分に心得ていた。

しかし月田の実践してゆこうとする知恵の遅れた若者たちとの共同生活というのは、知恵が遅れていようがいまいが、そうした若者たちも、あたりまえな社会の中で、あたりまえな人たちと同じように、〝あたりまえな日常生活を営むこと……〟を信条とした、しごく単純な月田流の発想によるものであった。

また月田は、共同生活の経済的な運営面でも、実に簡単明瞭な、俗に言う丼勘定によって計画し、共同生活の運営にふみきったのである。

月田が共同生活を始めた当時のS市では、陶器の街という低賃金労働で支えられている単一産業の街ということもあって、陶器産業に従事する労働者で、夫婦親子の四人家族で、まあまあの家計を維持している人の一カ月の収入が、三万円前後であった。

共同生活に参加する知恵の遅れた若者たちが月収が一万円でも、四人で四万円。それならS市で四人家族の平均家庭よりも、収入面では恵まれた生活ができるのではないだろうか……と、経済的な面でも、月田は自信をもって共同生活の実践に踏みきることにした。

春夫と久一は解雇された職場から「労働と生活が別になれば、労働にみあった賃金さえ支払えばいいのだから、春夫や久一だけではなく、もう何人か、働きに来てくれるような人はないだろうか……」という要望まで出てきた。

月田はそうした環境条件に自信を持って、清や春夫、久一の、以前に収容されていた施設に呼びかけて、守、年勝、文広などの仲間を集めて、知恵が遅れていて家庭や家族のない、若者たちの共同生活の場を開設した。

だが、その共同生活の場のスタートの仲間たちの中には、清の姿は見られなかった。

清は、春夫や久一とは違って雇用主に日常生活の世話をかけることによる解雇ではなくて、いささか事情が異なっていた。

清は、春夫や久一よりも知的能力が高くて、就職をした職場でも清の労働力は高く評価されて、住み込み就職そのものには何の問題も無かった。

清は住み込み就職をした職場で、ある日、夕食を終えて別棟の自分の部屋へ帰るときに、雇主の住んでいる家の裏の塀づたいに歩いていて、塀の間をなんとなしに覗いて、風呂の窓ガラスに映る女の人の姿のシルエットを見てしまった。

清には、それは強い衝撃であった。見てはならない異性の姿を見てしまったというものではなくて、清には、いつかどこかで見たような……、いつかもう一度見たいと思っていたような……、清なりに慕情とでも言えるようなものであった。

その日から清は、時間をみはからっては、窓越しのシルエットを、毎日のように覗き見をするようになった。

後日、清が月田の元で共同生活の日々を過ごすようになってから明らかになったことだが、清の異性に対する興味は、一般的なものではなくて、女性崇拝とでも言えるものであった。

清の十数年来の口癖は、「ボク……男は嫌い……、女の人は大好き……、ボクも今度、生まれ変わったら女の人になりたいな」である。

そうかと言って清は、俗に言う〝オカマ〟タイプではない。純粋な女性崇拝者である。

清は戦前の生まれで、空襲による爆撃の被害で、左腰骨の一部が抉り取られているほどの大きな傷跡がある。

清にはまったく記憶がないそうだが、清は、今は所在が分からなくなってしまった姉からよく聞いたことがあるのだが、清の母親は空襲のときに覆いかぶさって清を守り、亡くなってしまったそうである。清の腰骨の傷跡は、そのときのもののようである。

清が自分の女性崇拝を説明するときのもう一つの口癖「女の人は優しくて強いぞ……」と言うのも、姉から聞いたという。そんな母親像が清の脳裏にあるためかもしれない。

また清は、清なりに絵を描くことが好きで、もう二十年ほど描き続けているが、それらの絵の中の多くは、馬や魚や虫や、鳥とも魚とも虫とも判断できない生き物の親子の様子が描かれている。

それらの絵は、清の説明によると「お母さんが敵と闘って子供を守っている」とか「お母さんが子供たちと遊んでいる」などというようなものである。

さて、毎日のように窓越しのシルエットを覗き見していた清は、そのことが職場の人に知られてしまって、強く叱りたしなめられた。

清はそのことで別に解雇されたわけではないのだが、施設にいた頃から叱られたりケンカなどをすると、施設から出てしまう放浪癖があり、そのときも清はどこかへ姿を消してしまった。

清が姿を消して半月ほどして、月田の所へ五〇キロほど離れた街の警察から連絡があった。

月田が警察に出向いて取り調べをした係官に説明を聞くと、清は放火の疑いで逮捕されたようである。

事件そのものは被害も微少で、被害者も被害届も出したくないようなことであったが、人為的な行為で物件が焼失したために、事件として取り上げなければならなかったことや、清が取り調べに対してかたくなに口をつぐんで答えようとしなかったために、調書の作成に日時がかかったことなど……。

取り調べ官の個人的な判断では、清は、おそらく審判で保護観察処分になるということで、知恵が遅れていて、その上に保護者のいない清の立場を考慮した上で、月田に連絡をしたと言うことであった。

また取り調べ官は、調書を作成するのに清が答えなかったので、てこずったが、取り調べ中に話題を変えて清に「おまえの好きな食べものは何か」と聞いたら、即座に「カレー」と答えたので、取り調べ官が自前で清にカレーライスを食べさせてやったら、清は調書の作成にスラスラと答えるようになったと、取り調べ官はいささか自慢そうに話を付け加えた。

月田は、その取り調べ官の意向を了承して、清が家庭裁判所で審判を受けた後に、身元引受人として清を引き取ることを約束して、警察から帰った。

六週間ほどして、家庭裁判所から、清の審判が開かれる日時の通知と、審判の後に、保護観察がついた清を、引き取る意志の有るや否やの再確認の問い合わせがあった。

清を引き取ってからのことは、清と同じ施設にいた仲間たちが、もう月田の家で共同生活を始めているので、清も共同生活の仲間に入ればいいのである。

また職場は、例の〝覗き見〟事件の職場が、

「清君は清君なりに、まあまあよく働いてくれていたし、住み込みでなくて通勤になれば、こちらとしては願ったりかなったりだから……」

と、心よく清の職場復帰を承知してもらうことができた。

清の審判の開かれる日が来て月田は清を引き取るために家庭裁判所へ出向いた。

審判の始まる三十分前に担当の調査官を訪ねるようにとの案内があったので、月田はその調

査官を訪ねた。

調査官から月田が聞かされたことは、清を引き取ってからの、清の具体的な日常生活のあり方についての説明などであった。

しばらくして月田は、さきほどの調査官の案内で法廷に入った。

法廷といっても、裁判所の小法廷よりもこじまんりとした、小学校の教室の教壇がいささか物々しくこしらえられてあるような、月田が思っていたよりも気さくな雰囲気の法廷であった。

月田が調査官に指示されて傍聴席の椅子に腰掛けると、ドアーが開いて看守のような人に連れ添われて入って来た。

清は月田と視線が合うと、ばつの悪そうな苦笑いをした。

しばらくして調査官が「起立してください」と、小さな声で月田たちを促すと、右手の方のドアーから制服姿の裁判官が入廷して、中央の大きな机の席についた。

調査官は月田に席についてもいいことを素振りで知らせ、清を裁判官の前に立つように指示した。

「少年は、自分の氏名・生年月日と、本籍地と現住所を言いなさい」

「……、カワムラ……、キヨシ……」

「生年月日は……」

「……、……、」

「君は自分の生年月日も言えないのかね」

少し声の大きくなった裁判官の所へ調査官が歩み寄って、ささやくようにして何か言った。

裁判官は誰に言うともなく、「そうか、精薄かね……」と言って、書類と清の顔を二・三回交互に見て、その後、しばらく書類に目を通していた。

小さな法廷の中に静けさが続いた。突然、その静けさを消して裁判官が、

「あなたが月田正一さんですか……」

「ハイ、月田正一です」

「川村、君はこの月田正一さんをよく知っているかね……」

「ウン……ハイ」

「どうだ川村……、君は月田正一さんの所で、マジメに生活することができるかね」

「ハイ」

「二度と悪いことをしないように、月田さんのお世話になってリッパな人間になることを、ここで約束できるかね」

「ハイ」

清の顔に少し明るさが見えてきた。

裁判官はまた書類に目を通してから、書類を閉じて調査官にわたしながら、

「保護観察をつけて身元引受人に身柄引き渡しとします」

裁判官は職権を離れた私的な表情を見せて、

「月田さん、大変でしょうが、川村の面倒を見てやってください。

何かがありましたら、保護観察所の担当官に相談してください。

あっ、それから川村君……。もう一度聞くが、君は、どうして火をつけたかね」

「おもしろくなかったから、火をつけました」

清は声を大きくして答えた。裁判官の顔がこわばった様子に気づくこともなく、清はさらに声を大きくしてハッキリと、

「おもしろくなかったので、火をつけました」

と、重複して答えた。

「君、放火事件ではないかね」

裁判官が調査官に問いただす様子に、月田は険悪な気配を感じて、

「あの、裁判長……、清の言う〝おもしろくなかった〟という言葉の表現は、清が知恵が遅れているために適切な言葉を使うことができなくて、深い考えも……」

「あなたは部外者ですから黙っていてください。退廷して外の廊下で待っていてください」

月田は、裁判官の強い語調に追われるようにして、法廷の外に出た。

月田が二時間近くも家庭裁判所の廊下で待っていると、法廷のドアーが開いて、最初に看守のような人につれられた清が出てきた。

清は事の急変した経緯が理解できないようで、キョトンとした顔をして、月田のいるのに気付かないままに看守のような人に連れられて、廊下を曲がって消えていった。

その後から調査官が法廷から出てきて、月田に、

「審判の結果を説明するから、自分のデスクまで来てください」

と、同行を求めた。

結局、清は放火の罪で、M県にある精神薄弱者で、〝虞《ぐ》犯少年〟を矯正指導教育をする、特殊施設の大和学園へ、措置入園させられることになった。

清の立場が急変することになってしまった。

清の「おもしろくなかったので、火をつけた……」という発言には、清なりの理由があった。

清が頑なに口を閉ざして取り調べ官をてこずらせて、閉口した取り調べ官が自前で清にカレーライスをたべさせたときのことである。

清がカレーライスをスプーンで口に運び、落ち着きをとりもどすと、取り調べ官がひとり言のように、

「川村、おまえは職場で女の人が風呂に入っているのを覗いていて、強く叱られたので職場を逃げ出して、おもしろくなかったので、火をつけたのだろ。

おまえも親がなくて気の毒な身の上のようだから、被害届も出ていないことだし、おまえの不利にならないように調書を書いてやるから。書いたことを読んで聞かせたら、返事だけはハッキリとするようにしろよ」

清は大好物のカレーライスに入っていた人参の甘みが、口の中で広がるような感覚に満足を覚えながら、さきほどの取り調べ官の言った「おもしろくなかったので、火をつけた」というひと言に、ただ頷くことだけで取り調べのわずらわしさから解放されたかのような解釈を勝手にして、自分の気分の明るくなるのを覚えた。

もちろん取り調べ官の書いた調書には、「おもしろくなかったので、火をつけた」などというような言葉は使われていなかったのだが、取り調べ官は、清に調書を作成するのに必要な

会話能力のないことを知ったので、これから自分が作成する調書を作る上で、事前に清に了承をさせるような意味も含めて、まったく他意もなく、「おもしろくなかったので、火をつけた」という言葉を使ったのであった。

実は清は、逮捕されてすぐに調書を取られるときに、事の経緯を素直に話すつもりで、実際に二言・三言……ありのままを話したのだが、それを事実として受け取ってもらえることができなくて、それで清は口を閉じてしまったのである。

また清は、ある程度の会話能力も持ちあわせていたのである。

「川村、どうして火を付けたのか……」

「人参を焼きたかったから……」

「人参を焼く……、人参なんか焼いて、どうするつもりだった」

「うまいから人参を焼いて食べたかった」

「川村、サツマイモを焼いて食べるというのなら分かるが、人参を焼いて食べるというのは、聞いたこともないぞ……。

いいかげんなことを言っていてはダメだぞ」

取り調べ官の威圧的な声に、清はもう一度、小さい声で答えた。

「人参が焼いて食べたかったから……」

「川村よ、人参でもサツマイモでも、どちらでもいいけどが、寒い冬ならそこにもあるが、熱帯夜の蚊がブンブンといる時に、人参だがサツマイモを焼いて食べる者が居るかよ、アハハハ……」

清はそれに答えて、更に小さい声で
「人参を焼いてたべたかった……」

と、自分の言っていることが本当であることを重ねて訴えるように反復した。しかし清の声は声としては取り調べ官の耳に入っても、取り調べ官がそれを取りはからう気配はまったくなかった。

それからである。清が取り調べに対して頑なに黙秘を続けたのは……。

実は清は、施設にいたときに、時々、施設を脱走して放浪を重ねていた頃に、今度の事件のあった場所で、火を燃やして人参を焼いて食べたことがあったのである。

清は施設を脱走したある日、焚火をした跡から匂ってくる、甘そうに焦げる匂いに好奇心を駆り立てられて、焚火の跡を木切れでほじってみた。

焚火の中から清が見つけ出したのは、焼けた人参であった。

清は人参を手にして、人参に付いている灰などを払い落して、その人参を口にした。

清は施設を脱走して前日から食事をしていなかったこともあったかもしれないが、口にした人参から、なんとも言えない……甘くて……温かくて……円やかで……清の不平や不満……苦悩などの心のわだかまりまでも消し払ってくれるような香ぐわしさまでも満喫したのである。

清は、〝やさしくて強い女の人〟の次に、焼いた人参が好きだと思った。

施設生活での清の脱走癖は、それ以来、以前より頻繁になったことからしても、清の脱走の目的は、〝焼いた人参〟にあったのかもしれない。

事実、清は施設を脱走して夜中になると人参を焼いて食べて、次の日の朝方には施設へ帰るということが、しばしばあったと後日になって月田に話した。

また、清の収容されていた施設と、放火事件？のあった現場とは数キロの距離しか離れておらず、そのあたり一帯は、人参の生産地としてよく知られている所である。

清の措置入園をさせられた大和学園というのは、清が再々に脱走をして人参を焼いて食べて、また施設に帰った更生施設とは違って、脱走して人参を焼いて食べるというようなことはまったく不可能な、行政管轄の異なる法務関係施設であった。

大和学園というのは、法務関係の施設だからと言って、対象者に対する刑期というようなものではないのだが、学園の中に精神薄弱児を対象とした中学校の特殊学級を併設して、対象者の義務教育を保障するとともに、学園としての対象者の生活態度を三段階評価して、対象者の退園を促していた。

したがって、中学校を卒業している者は一・二年で退園するが、清は大和学園を退園するのに四年近くかかった。

清が退園する日に迎えに行った月田が、大和学園を清と共に後にしてから、

「清、もう昼時だから、どこかでカレーライスでも食べるか」と、清を誘うと、清は、

「ボクは、カレーライスは大嫌いだ」

と、顔色を変えて、訴えるようにして月田に答えた。

清は警察で調書を取られたときに取り調べ官からカレーライスをおごってもらってから、三十年近く過ぎた今でも、頑なにカレーライスを口にすることを拒否し続けているのである。

だが清は、カレー味のコロッケとか、カレーパンなどは大好物である。

清が三十年近くもカレーライスを食べることを拒否し続けているということは、清の自己実現の一端なのかもしれない。

大和学園を退園してからの、清の月田の元での二十五年ほどの生活は、別にこれと言った問題もなく、平安な日々の積み重ねであった。

ただ清の女性崇拝？は、具体的な清の行動として多様な表現を見せた。

清は髪を長く伸ばして、三つ編みにして、小さな赤いリボンをつけていたこともあった。イヤリングやブレスレットをしたり、口紅やマニキュア……、付けまつげや頬紅などをしたこともあった。

しかしそうした女性用の装いは、不思議なぐらい清には似合わなかった。まるでチンドン屋さんのいたずら化粧そのものである。

清自身もそれに気づいたのか？いつの間にか、そうしたことをしなくなった。でも、刺繍やミシン工芸や、編み物などの女性的な趣味のようなことは、今でも時々思いついては続けている。

清が女装のようなことをしなくなったのは、自分でそれが似合わなかったことを自覚したこともあるのだが、月田の妻と、次のような約束ができたためでもある。

清は月田の妻に、月田の妻が若い頃に着ていた、大きな花柄のキレイな着物をもらった。清は自分が死んだら、その着物を着せて棺の中に入れてもらうことを月田の妻と約束をした。

その約束は、清がいろいろと女性の装いを試みて、いまひとつ自分にも満足ができなくて意気消沈をしていた頃に、月田の妻がそんな清に対する気づかいから、提案をして清を励ました約束事である。

「ボクは死んだら、おばさん（月田の妻）にもらったキレイな着物を着せてもらって、棺オケの中に入れてもらうことになっているものな。おばさん、絶対に約束してあるからな、オネガイシマス……。

ボクは死んでからなら、女の人のカッコウをして……いくら人から笑われてもヘッチャラだからな、アハハ……」

清は一年に五・六回は、何かの話のはずみに、その話をもちだして、月田夫婦に約束事の確認をするかのように、楽しそうな笑顔で話すのである。

月田夫婦は、年齢的には自分たちの方が早く死ぬはずであるのに、子供が親に自分の死後をヨロシクというような清の素直？ さのような思いに、清から自分たちが信頼をされているのだろうか……と、顔を見あわせて苦笑するのである。

月田は、別に清が死んでからではなくても、どこかの海岸の砂浜で、その明るい色のキレイな着物を清にまとわせて、清の好きな温かくて甘い人参の焼ける匂いを求めるようにして、走り舞わせてやりたいと思う。

そんな清の姿を見れば、大勢の人々は笑うであろう。おそらく月田自身も笑うことだろう。

しかしそんなことはどうでもいいことである。

なぜかというと、笑う者も笑われる清も、いつかは死に向かう、いま、いまを生きる共通した人間だからである。

月田が清を舞い走らせてやりたいと思うのは、清がいま、いまを生きることを味わわせてやりたいと思うからである。

人間社会のブレーキ

自動車を運転しながら、なんとなしにラジオのスイッチを入れて、スバラシイ感動的な話を聞くことができた。

話の途中から聞いたので詳細な紹介はできないが、二、三年間、海外派遣協力隊のような活動に参加された人の体験談のようであった。

その人は、ある未開地の部落にボランティアとして入ったようである。

その部落の人たちは常に草木で編んだ籠を手にして、何でもその籠に入れて持ち運びをしているそうである。

しかしその籠というのが、まったくオソマツな作り方のしてある籠で、よくもまあこんなに下手クソに作られたものだと感心？　させられるような籠であったそうである。

たまたまその人はそうした籠編みの経験があったそうで、早速、その部落の人たちに簡単で実用的な籠の作り方を教えたそうである。

その教えて作らせた籠が、部落の人たちの使っていた籠よりも使いやすくて丈夫だし、見た目にも良い籠であることを部落の人たちは認めたのだが、一向にその籠を作って使おうとする気配がなかったそうである。

そうした部落の人たちの様子を腹立たしく思い、その人は「自分が作り方を教えてやった籠を、どうして作って使わないのだ」と、強く迫ったそうである。

そうしたら、部落の人がある一軒の家へ案内してくれたそうである。

その家の中では、身体に障害を持った人が部落の人たちの使っていた籠を、不自由な手を精いっぱいに使って、一生懸命に編んでいたそうである。

部落の人は「おまえの作り方を教えてくれた籠は、アイツの作っている籠に比べたら、問題にならないほどリッパな籠だ。だが、部落のみんながおまえの教えてくれた籠を作って使うようになったら、アイツは仕事ができなくなってしまう……」と、説明を受けたそうである。

その人は強く脳天を打たれたような思いをされたようである。

人間の共存の原点を教えられたような話である。

またネパールを旅した知人から聞いた話でも、ネパールの小さな部落の中には、部落全体の責任のようにして部落の中の障害者の共存を具体的に日常生活の中に組み入れている事例が多くあるようである。

中には障害者のいない部落で、障害者の姿を表した偶像を部落の象徴のようにして、崇拝することによって部落の調和を保っていたという事例もあったそうである。

日本でも戦前は、家族単位ではあるが障害を持った家族の一員を家族の中心として、家族全体で大切に見守るという風習が、全国各地で実践されていた。

障害を持つ人たちとの共存というのは、人間社会を形成してゆく上での、最小必要条件とでも言える、社会のブレーキのようなものではないだろうか……。

古代、人間社会には、たしかに弱者を淘汰するという事実も見られたようではあるが、それは当時の人間の生活が動物的に生き続けてゆくことのみに大半の時間を費して、文化的な心の発達が貧しかったためである。

近年になって、障害者に対する福祉のあり方は、人情的な慈善救貧から社会保障へと移行されてきた。

そのこと自体は当然そうであるべきこととして、何も否定することもない。

ただ問題なのは、そうした充実されてきたかのような現代福祉が、実は施策が主導しすぎて実例に即していないという、大きな問題を残しているというよりも問題を生み出しているという、現状にあるということである。

施設的な器を作って障害者を入れる。制度を作って個々に多様であるはずの障害者を、その制度の中にはめ込む……。

その実態は、正に隔離と淘汰であり、否定と排除である。

現行の社会福祉制度の中には、障害者個人が選択できる制度は何一つとしてない。

制度の対象者は、一級か二級か……、AかBかCか……、重度か中度が軽度か……。まるで品物の選別基準である。

障害者年金を例にしても、重い障害を持つ人たちには実際に必要とする生活費の何分の一にも満たないわずかな年金しか支給されない。その反面で等級さえ判定されれば、あまり必要とされない人にでも支給される。

個人には高額な保障はされないが、施設なら月額にして一人、何十万円という高額な措置費が支給される。

しかもそうした施設が積極的に寄附行為を受けても、別にその用途収支を明らかにしなくても、ただ善意の授受として済まされてしまう。

よく社会福祉施設の案内書などに、施設名のサブ・タイトルとして、〝希望の楽園〟とか〝明日の楽園〟とか〝自主の楽園〟などなどと記されているのを目にする。同じ障害を持つ者を何十人何百人と一つの場所に集めて、それが本当に楽園となりうるものだろうか……。

収容者とか措置（現行は支援費契約制度となり措置という考え方は児童施設を除きなくなった……編者注）というような言葉が使われているのは、社会福祉施設と刑務所くらいのものである。ちなみに広辞苑で確かめてみたら、（収容＝人や物を一定の場所におさめること）（措置＝とりはからって始末をつけること）と、あった。まさに否定と排除であり、隔離と淘汰そのものを思わせる言葉である。

また、施設の長を対象児者（収容児者?）に、「お父さん」「お母さん」などと呼ばせている例があるが、これも対象児・者に対する押しつけそのものである。

仮に、そうした立場にある人たちが「この子たちの父です母です」と、言えるとしても、その対象はせいぜい五、六名までである。何十人何百人を対象として、私はあなたたちの父です母ですなどと言うことは、まさにナンセンスである。

それよりもなによりも、誰にでもその生別死別などとは関係なく必ず両親があるはずであり、あったはずである。

そうした両親に対して、私はあなたの子どもさんの父です母ですなどと言うことは、思いあがりもはなはだしい自己陶酔に外ならない。

現状として社会福祉施設の存在を否定するものではないが、社会福祉施設に関係する人たちが、社会福祉施設の存在の一面には、必要悪的な要因のあることを、常に自覚しておいてもらいたいものである。


義務教育の中でも、障害を持った子どもたちは差別と偏見を強いられている。

養護学校の義務化で、障害を持った子どもたちをも含めた全員就学が実施されて、障害を持った子どもたちも平等に扱われるようになったと言われている。

だがその実態の単純な事例を見ても、やはり障害を持った子どもたちは特別視されている。

障害を持たない子どもたちは近くの地域の学校へ通学しているのに、障害を持った子どもたちは、養護学校へ一時間か……中には二時間もかけて通学しなければならない。

障害を持たない子どもたちが遠くの学校へ通学して、障害を持った子どもたちができるだけ近くの学校へ通学するようにしたとしても、それが当然なことであるはずである。

また地域の学校の中でも、知恵の遅れた子どもたちは〝特殊学級〟で教育されて、知恵が遅れていないとされている大半の子どもたちは〝普通学級〟で教育されている。

特殊であり普通である……。別に言葉の使い方をとやかく言う訳ではないが、これを〝級〟という地位とか段階的な意味を持つ言葉と共に使うのではなくて、特殊教室とか普通教室というようにしたらどんなものだろうか……。

義務教育の根源にかかわることだが、教えられる側を分類するのではなくて、教える側を分類すべきである。

多様で細分化された〝特殊教室〟が地域の学校に設置されれば、肢体・盲・聾・知恵遅れなどの障害を持つ子どもたちも、地域の学校へ通うことができるようになる。

そうしたことはただ障害を持った子どもたちのためではなくて、障害を持たないとされている子どもたちに、障害を持つ子どもたちとのかかわりが、あたりまえな日常生活の中で当然なこととして実践してゆかなければならないという、義務教育の基となるものを体験として教えることができるはずである。

最近、特に大きな問題となってきた〝いじめ〟〝登校拒否〟〝家庭内暴力〟などの問題も、問題に対する対処だけでは解決できるものではなくて、障害を持った子どもたちとの地域の学校の中での共存という、統合教育の実施によってのみ、そうした問題の根本解決がなされるのではないかと思う。

義務教育に関する権利と義務の関係は、教える側の権利と教えられる側の義務であることが大勢とされている反面で、学習をする側の学習権を強く主張する考え方も叫ばれている。

また義務教育の骨子の冒頭にも、「国民の教育を受ける権利を基礎とし、国家の制度に基づいて就学を義務づける」とある。

義務教育に関する権利と義務の関係は、相対的なものではなくて、相互的なものではないだろうか……。

いつまでも旧態依然として教育をする側の権利であり教育を受ける側の義務であることに固執していると、義務教育は管理教育の域をいつまでたっても脱することのできないままに、本音と建て前を使い分けてゆかなければならない、現状の義務教育のあり方が持続されてゆくのではないだろうか……。

いつの日か統合教育が完全実施されたときに、義務教育の権利と義務の云々問題は解決されて、本当の人を育てる教育が確立されると思う。

権利と義務といえば権利である選挙権に関しても、いささか愚見を述べてみたいと思う。

民主主義の多数原理にも少数無視という欠点がある。

是か非か……。イエスかノーか……。是でもなければ非でもない、イエスでもなければノーでもない。

そんな立場に立った経験は誰にでもあるはずである。

そうしたことを、人の権利を施行する選挙に置き換えて考えてみると、投票を棄権する人々の内の多くの人たちは、投票をしたくないという、是でもなければ非でもないという立場の人たちではないだろうか……。

投票率が四十数%というような選挙に見られる棄権をした人たちの立場は、多数決原理の少数無視どころか、少数決による多数無視のようなものである。

棄権をすれば仕方がないと言ってしまえばそれまでであるが、白紙投票をいたずら書きなどのしてある無効票とは別に、ある種の批判票として票数の表示をしてみたらどうだろうか……。

「白紙の立場」というのは、よく言葉として使われている。また現実に国会内の票決では白紙の票数は表示されている。

例えば対立候補者のいない無投票当選のような場合でも、投票をして立候補者の得票数と批判票的な白紙投票数を明らかにすれば、対立候補者がいないために当選した立候補者に対して、批判的な白紙投票数は、謙虚な行政姿勢を促す一因となるはずである。

ちなみに、新聞記事に時々見られる地方自治体の首長による汚職事件などの多くは、何期も対立候補が無くて、無投票当選を重ねてきた、人望の厚いとされていた人たちによって、行われた事例も多い。

当然、白紙投票には過半数を越したとしてもリコール的な効力はないのだが、イエスでもノーでもない立場の人たちのいる事実を数として明らかにすることのみでも、民主主義そのものの進歩となるのではないだろうか……。

最近の社会風潮として、個人が……いつの間にか社会の仕組みのようなものに何の抵抗もなく巻き込まれてしまうというさまざまな事例が見られるように思う。

ラジオの子どもに関する相談番組で、次のような話を聞いた。

小学校一年生の男の子が、夏休みを終えた二学期から、父親の転勤で東京の小学校から地方の小学校へ転校して、新しい学校に馴染むことができずに、登校拒否をおこしてしまったという相談であった。

母親の補足的な話だと、その子は転校前の学校では担任の先生と俗に言う馬が合うというのか、「ボクはお父さんと同じぐらい先生が好きだ」と毎日毎日、学校へ行くのを楽しんでいたという。

そんな母親の説明を聞きながら、相談を受けていた専門家の先生は「お母さん、そうした前の学校でのその子の実情を、新しい学校の担任の先生によく説明をして、少しの間、お子さんに特別に目をかけていただくようにお願いをしてはどうですか。

前の学校で先生になついたお子さんだから、時間をかければ新しい学校にも、きっとなつきますよ。お母さん、心配するようなことではありませんよ……」

「ああ……そうですか……。どうもすみませんでした……、そうしてみます」

「じゃあ、ガンバッテください」

なんでもないようなラジオの子ども相談の放送シーンである。

だが、よく考えてみると、小学校の一年生でやっと一学期を終えたばかりの子どもに対して、突然に転校を強いたことが何人に許せる行為なのだろうか……。

その子の将来的な人生を左右させてしまうかもしれないような環境条件の変化である。

また、その子の両親にも、それを甘んじて受けなければならないような理由があるのだろうか。

父親の職場での出世のために、家庭環境を変えなければならないような愚かなことは、まさに個人の社会参加ではなくて、個人の社会従属に外ならないものである。

今こそ改めて、社会と個人の関係の再考を迫られている時代ではないだろうか。

最近の総理府の意識調査では、個人志向派が少なくなり、社会志向派が多くなったとされている。

個を失った社会充実ほど恐ろしいものはない。社会というのは、個人感情がなくて、ムードのみで暴走する、ブレーキのついていない自動車のような一面がある。

たとえとしては適切ではないかもしれないが、最近のバレーボールの国際試合に見られる、あの声援と拍手を揃えた〝ニッポン・パパパ〟〝ニッポン・パパパ〟である。熱狂の域を逸脱した大熱狂？　である。

その上に相手チームにミスがあると、場内が割れんばかりの大拍手である。

また人気上昇中の〝大相撲〟の応援のあり方にも同じようなことが言える。

他の力士が土俵の上で仕切りの最中に、花道に人気力士の出場姿が見えると、これまた場内が割れんばかりの大声援である。仕切りの最中の力士に対して、失礼この上もない非常識な集団行動である。

個人の理性感情をなくした集団ムードというものは、こうしたものではないだろうか。

我が国のまだ新しい歴史の中でも、社会的なムードによる方向づけによって、人間の生きる権利を無視した徴兵の義務を国民に強いて、その国民の大切な生命を使って他国の大勢の人民の生命も奪ってしまった戦争体験が、ムードによる社会移行の恐ろしさを強く教えてくれたはずである。

最近の世相というのか世情というのか、様々な社会現状の中には、実に多岐にわたる諸問題が山積されている。

フロンガスによるオゾン層の破壊。地球の温暖化による自然環境の変化がもたらす人災問題。政治的なソビエト連邦の崩壊をはじめとした、国際社会情勢の変貌。異常な発展をしてきた日本経済の、バブル崩壊に端を発した経済低迷……。

そうした社会問題の原因の大半は、ブレーキのない社会の進歩や発展にあり、個人の考えとは関係なく「いいことはいいことだ」というような、群衆心理的なものによる結果のようにも思う。言うならば個人を犠牲にした、集団という規範や価値判断のみの優先する怪物？ 的な社会現象の表れであるとも思う。

現代こそ個人が個人として、より個人的に生きることの大切さを再考し実践する必要に迫られている時代ではないだろうか。

その第一歩は、あらゆる物事に対する個人個人の価値判断の多様化である。個人が個人として、自分で知り……考え……思い……、ひとつひとつの物事を個人として価値判断することである。

自分自身に、あらゆる物事に関する価値判断をするという前提のようなものがなければ、本当の〝他を思う心〟などというものは持てないはずである。

個人を大切にするということは、自他共々の個人を大切にするということである。自分が大切だから他の人も大切なのである。

今こそ、社会の価値判断に身を委ねて社会に従属する国民的な愚かさから、多様な個々の価値判断によって社会構成に参加する、賢い個々の人民に、変身してゆかなければ、人間社会のブレーキの機能は果たされないのではないだろうか。

出版にかかわっていただいた人にもお疲れさまと感謝申し上げます。

最後に、長年にわたり、かかわっていただいたすべてのお方や私の家族にも心より感謝申し上げています。

一九九四年　著者

『おまえらばかか』の復刊をお願いした経緯

『おまえらばかか』の復刊をお願いした経緯

二十五年前に私が何もわからず無認可作業所の職員になったとき、友達から与えられた一冊の本、それが『おまえらばかか』でした。インパクトの強い題名もさることながら、福祉制度や現代社会に対する奥深く的を射た提言やウィットの効いたお話に目と心を奪われ、一晩で読み終えた記憶が鮮明です。『ほうり出されたおれたち』『おれたちの生きざし』の二冊の本と併せて私自身が作業所の運営や福祉のあり方に迷い、自分自身を失いかけそうになったときに幾度となく読み続けてきた本です。

著者である江尻さんと奥さんは、愛知県瀬戸市で四十年間一切の行政的援助を受けることもなく、障害のある人たちの暮らしと働くことを「はちのす」という名の下宿屋さんで今日まで支え続けています。社会福祉制度の未成熟であった時代から今日に至るまでその営みは一環して地域の中にある一民間の「下宿屋さん」のスタイルを貫き、その下宿屋のおじさんとおばさんが、仕事のお世話や日常のあらゆる相談事に家族のように関わっている姿です。

『おまえらばかか』という本は、この「はちのす」の最初の十年間を振り返って書かれた本で一九七四年（昭和四十九年）に出版されました。

障害のある人たちと江尻さん家族との共同生活は、日本の社会が戦後の混乱期から高度成長期を迎えた一九六三年（昭和三十八年）二月に始まります。当時、学校教材用の粘土販売をしていた江尻さんが名古屋市内の八事少年寮という「精神薄弱児の収容施設」に併設された学園を訪れ、戦争によって家族をなくしたり、身寄りのなくなった障害のある十五歳を過ぎた少年たちをご自身の家庭に受け入れます。寮生たちの勤め先のトラブル、希薄な家族との葛藤、病気との闘いなど、一人ひとりの寮生との関係を一個人として向かい合い、支え続けてきた江尻さんの思いとして率直に綴られた本であり、「あたりまえの生活」という言葉の重みを、生活の中で、社会の中で実現していくその実践の記録でもあります。

今日のように福祉施設が整っていなかった時代であっても、ごく普通の家族が障害のある人を一度に七人も受け入れることは稀有でなかったかと思います。まして、一切の社会福祉制度を利用することもなく、一人ひとりの働く場を探し、毎朝弁当を作って送り出し、日常の様々な出来事にかかわり続けていくことなど。しかし、江尻さんと奥さんは今日も四十年前と同じように、日が昇る前から朝食の準備に取り掛かり、彼らの生活を支え続けています。一日として欠かすことない四十年間の日々です。

江尻さんは当時この本を出版する気持ちとして「彼らから私たち夫婦が教え育てられたものは、私たち普通の状態だと思っている者の意識の中にある心身などに障害を持っている人たちに対する〝差別意識〟の自覚と反省である」と。そして「私たちが精神薄弱者という言葉を使って複数のそうした条件にある人たちを同一に見てしまうような自覚しない差別意識によるものの見方が矛盾の上に築かれた砂上の楼閣のような現代社会を生み出した要因のように思えると……」。障害のあるなしにかかわらず、一人の人の存在を命あるかけがえのない個の存在として、お互いが素直に向かい合っていくことの大切さが文中から伝わってきます。「精神薄弱」という人の生きた姿を表す「言葉の不自然」さ、そのことからわかる社会や私たち自身の差別意識について語られています。本書の中で今日では一般的に使用されない表現として「精神薄弱」という言葉が度々出てまいりますが、使われていた言葉の状況や制度に対する江尻さんの考え方を原文どおりご理解いただくために、復刊に際しても「精神薄弱」「精薄」という表現はそのままといたしました。

二冊目に書かれた『ほうり出されたおれたち』は、『おまえらばかか』の出版三年後に社会的反響に対する答えや社会福祉制度下にある入所施設と「はちのす」との違い、地域社会とのふれあいや療育や教育の場のあり方について、「はちのす」の試行錯誤の実践の中から「あたりまえに個人が地域で生活していくこと」そのために「本当に何が求められている場」なのか、今日の社会福祉や教育、ひいては私たちの社会のありようなどについて大きな示唆を与えてくれる内容です。また、制度の谷間にある当事者の立場に立った視点から寮生たちとの座談会の様子や寮生の成長を見守ってきた夫人のお話が紹介されています。

三冊目の『おれたちの生きざし』は、一九八一年（昭和五十六年）の出版になります。十八年以上経過した「はちのす」の寮生たち一人ひとりの自己実現の様子、あたりまえな日常としての江尻さんと寮生との楽しい関係が紹介されています。また、高度成長期を辿ってきた日本社会の中で、地域社会と離れた所に立派な設備が整い設置されていく福祉施設の姿と、それを進めている社会福祉行政のあり方、社会全体が選択してきた物質文明や社会関係のあり様について、個人と社会との調和、人間と自然との調和など、今日の社会状況が対面している多くの課題を透視した鋭い指摘と、そのことに対する個の存在を大切にした「生きざし」の尊重を語られています。

『おまえらばかか』『ほうり出されたおれたち』『おれたちの生きざし』の三冊は風媒社からそれぞれ出版されました。そして、『覆育《ふいく》の青春』は、一九九四年「なのはな文庫」から出版された本です。覆育《ふいく》という言葉については、本書のまえがきで著者自ら語られておりますが、個の存在を最も大切に考え、差別や偏見のある社会の愚かさ、人間自身が人間の社会と環境を壊していく愚かさを静かに語られてきた江尻さんが、私たち人間社会の現象を宇宙の中の存在として考えてみることを提案された言葉だと思います。また、青春という響きの中には、「はちのす」で育ってきた寮生のみなさんのいつまでも若い気持ちの生きざしを表現したものと思いますが、ある意味、江尻さんご夫婦が二十代後半から営み続けた四十年の歳月がお二人の青春そのものであるかのように思います。本文中「酒呑百態」というお話がありますが、江尻さんの酒の勢いは今も青年のごときであり、少なくとも江尻さんより若い寮生を凌ぐものであります。

障害のある人たちを一人の人間として一日の切れ目もなく、働くこと、暮らすことを支え続けること。あたりまえに生きることの大切さと難しさ、本書から教えられる数々のことを思いながら、今回復刊をお願いしました経緯は……。

今日、障害のある人の活動の場は『おまえらばかか』が出版された当時から比べれば、施設だけでなくグループホームや作業所など地域の中に大きく広がり、障害のある人の社会福祉に携わる人も数多く活躍しています。国際障害者年以後、地域福祉やノーマライゼーションという言葉も当然のごとく社会的に定着してきました。

しかし、国や地方の制度の中にある福祉施策は、実際的には施設中心の福祉からなかなか脱却できずに二十一世紀を迎え、社会の多様な変化とともに、今日大きな転換点を迎えています。「個人のライフスタイルに応じた福祉」「働くことを基調にしたこれからの福祉」等々、いずれも言葉のニュアンスは三十年前に書かれた江尻さんの予想を物語るかのように、今後の障害者福祉の進路があるかのように言われております。

そういう渦中にあって、制度の中で営まれてきた福祉とそこにかかわっている私たち福祉の関係者が「個人の存在」の大切さ、個人が本当に求めている「福祉のあり様」を制度の中に実現できてきたのか、また福祉施設や事業の姿は、本当に必要な事業としてのあり様を示しているのか、これからの福祉を含めた社会のあり様として、人間一人ひとりの存在を支えていく社会制度を私たちは手にすることができているのか、多くの反省と疑念を抱くものであります。

それは制度を作る官僚組織の批判だけしていれば責任逃れできるものでもありません。

福祉の現場に携わる一人の人間として、私たち自身が、個人の存在をどう考え、支える社会の仕組みのあり様を足下から見つめなおす時期にあるかと考えます。かつて多くの福祉に携わる人だけでなく、様々な人々の心に響いた『おまえらばかか』というこの一冊の本の中に、本音で語り合わなければならない福祉の今があることを思い、再び世に出すことを江尻さんに強くお願いしました。

江尻さんと「はちのす」の皆さんは、今も瀬戸市の郊外、猿投山の麓の清流の流れる傍らであたりまえに暮らし続けています。すでに年金生活に入った人もいれば、陶器の製造会社に勤め続けている人もいます。障害があるなしにかかわらず、それぞれの人がそれぞれの人の力で働き、生き続けているだけのことかもしれません。働くこと、暮らすこと、その「あたりまえな生活」を支える心と思いを知る道標として多くの人にお読みいただければと思います。

本書の復刊にあたり、江尻さんの思いに共鳴され、ご協力をいただいた皆様、とりわけ原稿の再入力や編集にご協力頂いた「ねっこ共働作業所」の皆様、『おまえらばかか』の最初の出版社である風媒社の稲垣さんの心広いご理解と温かいご助言に深く感謝いたします。

最後に、本書の発刊に当たり、素人なりに進めてきた不慣れな刊行の経緯や私たちの思いをご理解頂き、快く出版をお引き受け頂いた現代書館さんに深く感謝いたします。

本文を汚すようなご紹介で失礼かと思いますが、ご購読の奨めと復刊の経緯と致します。

下田市・すぎのこ作業所　金刺幸春・他

新版 おまえらばかか　ほうり出されたおれたち　おれたちの生きざし

2005年9月1日　第1版第1刷発行

著者	江尻彰良
発行者	菊地泰博
組版	ねっこ共働作業所
印刷	平河工業社（本文）
	東光印刷所（カバー）
製本	越後堂製本

発行所　株式会社　現代書館
〒102-0072　東京都千代田区飯田橋3-2-5
電話　03（3221）1321　FAX　03（3262）5906
振替　00120-3-83725　http://www.gendaishokan.co.jp/

 ISBN4-7684-3451-7
定価はカバーに表示してあります。落丁本・乱丁本はお取替えいたします。